当前我国新闻发布制度建设研究

周光凡 ◎ 著

中国财经出版传媒集团

经济科学出版社
Economic Science Press

·北 京·

图书在版编目（CIP）数据

当前我国新闻发布制度建设研究／周光凡著.
北京 ：经济科学出版社，2024．9（2025.4 重印）
ISBN 978 – 7 – 5218 – 6329 – 1

Ⅰ．G291．2

中国国家版本馆 CIP 数据核字第 202424V46P 号

责任编辑：戴婷婷
责任校对：徐　昕
责任印制：范　艳

当前我国新闻发布制度建设研究
周光凡　著
经济科学出版社出版、发行　新华书店经销
社址：北京市海淀区阜成路甲 28 号　邮编：100142
总编部电话：010 – 88191217　发行部电话：010 – 88191522
网址：www. esp. com. cn
电子邮箱：esp@ esp. com. cn
天猫网店：经济科学出版社旗舰店
网址：http：//jjkxcbs. tmall. com
北京季蜂印刷有限公司印装
710 × 1000　16 开　11.5 印张　170000 字
2024 年 9 月第 1 版　2025 年 4 月第 2 次印刷
ISBN 978 – 7 – 5218 – 6329 – 1　定价：46.00 元
（图书出现印装问题，本社负责调换。电话：010 – 88191545）
（版权所有　侵权必究　打击盗版　举报热线：010 – 88191661
QQ：2242791300　营销中心电话：010 – 88191537
电子邮箱：dbts@ esp. com. cn）

序言：完善新闻发言人制度需要建设新闻发布制度体系

中国古代早就有类似今天信息公开制度的纳谏制度，尧有进善之旌，舜有诽谤之木。《史记·孝义本纪》记载"古之治天下，朝有进善之旌，诽谤之木，所以通治者而来谏者"。中国古代也早就有言官，左史记事，右史记言。言为《尚书》，事为《春秋》。《礼记·玉藻》云"动则左史书之，言则右史书之"。这些制度和做法可以为当代中国新闻发布制度的建设提供精神资源。

人类社会历史上比较正式的新闻发布会出现在 19 世纪末的美国。新闻发布的制度化是伴随着"一战"和"二战"时各国的舆论传播需要而发展起来的。"二战"以后，以美国为代表的西方发达国家的新闻发布制度逐渐走向成熟。

中华人民共和国成立以前，在中国的国土上已经出现过现代意义上的新闻发布活动。中国共产党成立以后，党领导下的舆论宣传和新闻发布工作的最高目标是服务于武装夺取政权的需要。我党早在抗日战争和解放战争时期就已开展新闻发布工作。周总理在与国民党谈判期间，多次举行记者招待会，争取舆论支持。新中国成立后不久，国务院副总理兼外交部长陈毅也曾多次举行记者招待会化解危机形势。

改革开放以后，党和国家为加强对外宣传、为对外开放服务，开始重视新闻发布工作，并随着改革的进展逐步加强针对国内媒体和公众的新闻发布。

在社交媒体崛起的时代背景下，新闻发布政策法规和操作规程不断细化，党和国家不断加强对网络舆情事件和政务舆情事件的及时回应和舆论引导，有关舆情处置和舆论引导的新闻发布工作不断加强。

党的十八大之后，党和国家积极推动新闻发布制度化，并将其作为全面深化改革的一项重要任务来完成。新闻发布制度建设渐成体系，运用政务新媒体助推信息公开和新闻发布工作越来越自觉，新闻发言人专业能力进一步提高，新闻发布工作嵌入国家治理活动越来越紧密。

党的二十大报告提出要建设具有强大凝聚力和引领力的社会主义意识形态。报告指出，意识形态工作是为国家立心、为民族立魂的工作。牢牢掌握党对意识形态工作领导权，全面落实意识形态工作责任制，巩固壮大奋进新时代的主流思想舆论。加快构建中国特色哲学社会科学学科体系、学术体系、话语体系，培育壮大哲学社会科学人才队伍。加强全媒体传播体系建设，塑造主流舆论新格局。健全网络综合治理体系，推动形成良好网络生态。党的二十大报告还提出要增强中华文明传播力影响力。报告指出，坚守中华文化立场，提炼展示中华文明的精神标识和文化精髓，加快构建中国话语和中国叙事体系，讲好中国故事、传播好中国声音，展现可信、可爱、可敬的中国形象。加强国际传播能力建设，全面提升国际传播效能，形成同我国综合国力和国际地位相匹配的国际话语权。深化文明交流互鉴，推动中华文化更好走向世界。

纵观最近四十年来我国新闻发布制度的发展历程，我们发现了几个带有规律性的推动因素：一是"改开"驱动，二是"大会"推动，三是"危机"倒逼，四是"技术"赋能。

"改开"驱动就是改革开放的驱动，正是因为有了改革开放，有了外宣的需要，才开始诞生了为改革开放服务的新闻发布制度。

"大会"推动就是每年的全国人大、全国政协和五年一次的全国党代会的促进作用。我国是人民当家作主的国家，让人民当家作主的前提是让人民知情、参与、表达和监督，因此政务公开、党务公开、军务公开和司法公开这些信息公开领域的不断出现和渐趋透明是我国政治体制改革发展的必然趋势。而信息公开、政治透明的一个必然结果就是新闻发布制度的建立和发展以及新闻发言人的设立和涌现。

"危机"倒逼指的是重大和特别重大突发事件往往成为推动新闻发布制度跨步发展的刺激因素。

"技术"赋能是指传播技术、信息技术的发展赋予了与新闻发布活动有关各方的表达能力和传播能力。比如互联网技术的发展使得数亿网民有了发声的喇叭和传播的手段，整个社会进入"人人都有麦克风"的时代，这就赋予了人民群众更多的话语权，也赋予了官方新闻发言人更多的发声渠道和传播技术，比如政务新媒体的雨后春笋般的涌现。

新闻发布制度作为一个复杂的结构整体，包含多方面的内容。按照政治学对制度的定义，制度被认为是理念（认识），规则（法律法规）和实践（行为方式）的结合体。由此可见，法律法规建设是新闻发布制度建设的重要内容。[①] 从我国当下的实际出发，需要制定或修订信息公开、信息保密、保障知情权和指导新闻发布实施方面的法律法规。

具体到规范和约束新闻发布机构的新闻发布业务活动的一系列工作制度的建设，我国国务院新闻办公室新闻发布会的工作制度就包括规划制度、准备会制度、备忘制度、媒体通报会制度、后勤技术保障制度、评估制度、简报报告制度、通报联络制度8个。

有学者认为，新闻发言人制度应包括培训上岗制度、持证上岗制度、发言人的任期制度、任内晋升制度、适度保护制度、工作特权制度、任内进修制度以及工作待遇方面的规定。[②]

还有学者认为，新闻发布机构还应该构建一整套的新闻发布工作机制，如搜集研判机制、核实回应机制、主动发布机制、专家解读机制、沟

---

① 赵卓伦：《从历史档案看美国政府新闻发布制度的法律构成》，载于《山西档案》2014年第2期。

② 刘笑盈：《新闻发布十年：进展、问题与发展趋势》，载于《对外传播》2013年第1期。

通协调机制、评估回馈机制。① 从实际情况来看，我国很多法律法规内容重复，由不同部门在不同时间发布，查询起来较为麻烦，一般人很难全面掌握这些法律法规究竟总共包含了多少条款。这就需要我们对这些法律法规进行必要的清理和整合，使这些法律法规的条款互相兼容、绝不犯冲，同时又能互相补充，不在任何角度留下法律制度的空白，使人们无法可依。

2013 年 11 月 12 日，中国共产党第十八届中央委员会第三次全体会议通过的《中共中央关于全面深化改革若干重大问题的决定》从战略的高度，就全面深化改革各个方面的事项进行了部署，其中提出要"推动新闻发布制度化"。根据社会学有关理论，制度化指群体和组织的社会生活从特殊的不同方式向被普遍认可的固定化模式的转化过程。制度化是人类的社会形式普遍被制约及社会规范逐渐内在化的过程，也是群体组织发展和成熟的过程。它包括两方面的含义，一是制度体系的建立和完备；二是法律规范内在化的程度。制度化的具体过程包括三个方面的内容：一是共同价值观念的确立；二是规范的制定；三是相关机构的建立和健全。因此，"新闻发布制度化"应包括：被社会各界普遍认可并被新闻发言人群体自觉遵循的价值观；与新闻发布和新闻发言人有关的制度体系的全面制定和整体完善；保障新闻发言人制度体系有效运行的完整体制和高效机制。这些都正是当下我国新闻发布制度深化改革的目标。2024 年 7 月，党的二十届三中全会审议通过了《中共中央关于进一步全面深化改革、推进中国式现代化的决定》，提出"完善新闻发言人制度"，也为我国当下方兴未艾的新闻发布事业的发展指明了深化改革继续前进的方向。

我们完全可以预期，在不久的将来，在推动新闻发布制度化这一深化改革目标全面实现的时候，我国的新闻发布制度建设一定会达到一个领先

---

① 孟建：《新闻发布制度体系建设》，在中国浦东干部学院第 4 期全国新闻发言人培训班上的讲课记录，2014 年 3 月 29 日。

世界的新的台阶，为国家治理体系和治理能力现代化提供持久稳定的制度保障。

张涛甫

复旦大学新闻学院院长、博士生导师

复旦大学发展研究院副院长

复旦大学全球传播全媒体研究院院长

自序：进一步完善各领域办事公开制度

在新中国成立以前，在中国的国土上已经出现过现代意义上的新闻发布活动。中国共产党成立之初，就在经过集体讨论通过的文件中有过涉及新闻宣传工作的表述。毛泽东多次以"中共发言人"的名义在报刊上发布新闻信息，周恩来也曾多次举行记者招待会答记者问。

新中国成立后，1954年的日内瓦会议是中国官方新闻发言人首次在国际舞台亮相。1965年国庆十六周年前夕，陈毅副总理兼外长也曾在人民大会堂举行中外记者招待会。

改革开放后，为了服务于对外开放，党和国家开始重视新闻发布工作。1983年，中国记协首次向中外记者介绍国务院各部委和人民团体的新闻发言人，正式宣布我国建立新闻发言人制度。

以2003年"非典"事件为契机，突发事件的应急管理和危机传播倒逼我国新闻发言人制度建设加快推进，我国政府系统"横向到边，纵向到底"的三个层次新闻发布体系迅速建立并逐步完善。2007年和2008年，《突发事件应对法》和《中华人民共和国政府信息公开条例》先后实施，为新闻发布提供法规依据。

党的十八大报告提出完善党务公开、政务公开、司法公开和各领域办事公开制度。党的十八大之后，党和国家积极推动新闻发布制度化，十八届三中全会将"推动新闻发布制度化"列入全面深化改革的任务清单，中国新闻发布制度建设开始向建设制度体系纵深推进，中央文件首次出现"党政主要领导是第一新闻发言人"表述。近年来，党和政府持续加大对新闻发布工作的政策支持和制度供给。

纵观最近四十多年来我国新闻发布制度的发展历程,我们发现了几个带有规律性的推动因素:一是"改开"驱动,二是"大会"推动,三是"危机"倒逼,四是"技术"赋能。四十年来,我国公权机构特别是政府机构的新闻发布活动越来越普遍,新闻发布水平越来越高,但也存在若干迫切需要解决的问题。

我们可以从以下十个方面去改进新闻发布工作。一是下决心建设专职新闻发言人制度;二是完善新闻发言人选任授权制度和考核评估制度;三是规范和强化新闻发言人的角色意识和担当精神;四是强化主要领导做好第一新闻发言人的制度约束;五是为新闻发言人配备强大工作团队提供有力外部支持;六是完善新闻发布工作协调机制和新闻发布口径会商机制;七是完善新闻发布机构网络舆情监测预测报告回应机制;八是完善决策前的媒体吹风机制和决策后的政策解读机制;九是加强新闻发言人履职培训、在岗培训并将一把手纳入培训计划;十是强化国务院新闻办公室对全国新闻发布工作的业务指导职能。

更重要的是,我们应尽快制定颁布并实施《新闻发布工作条例》,整合有关新闻发布的制度文件,并有所突破创新,为全国的新闻发言人提供一份具备很强操作性的工作指南。我们还应该尽快制定颁布并实施《中华人民共和国信息公开法》,依法保障公众知情权,为各类语言大模型和人工智能产业提供大量的完整的权威的优质的信息资源,为中国未来发展、为中国未来引领世界发展方向提供稳定有力的数据支持和法治保障。

目　　录

第一章

我国新闻发布制度建设的
发展历程和主要成就

第一节　新中国成立前中国共产党的新闻发布活动

　　中国共产党成立之初就在经过集体讨论通过的文件中有过涉及新闻宣传工作的表述。1927年南昌起义后，中国共产党致力于建立属于自己的独立革命武装，党领导下的舆论宣传和新闻发布工作的最高目标是服务于武装夺取政权的需要。国共全面内战爆发前夕，中国共产党除了在上海和南京等地召开新闻发布会外，毛泽东和周恩来都曾通过发表谈话、接受采访、召开新闻发布会和记者招待会等形式对外发布新闻信息争取舆论支持。周恩来同志甚至会在新闻发布会上用英语直接回答西方记者的提问。

　　新中国成立前，党史上的新闻发布活动可以归纳为三类：一是个人专访式新闻发布，如抗战爆发前后史沫特莱、斯诺等人对延安的访问和对中共领导人的采访。二是设立新闻发言人召开比较正式的新闻发布会，如中共南方局在重庆面向西方记者定期发布解放区的消息，以及国共和谈时期中共代表团在上海周公馆和南京梅园新村设立多位新闻发言人，出席新闻发布会的中共党员党内职务级别较高，比如周恩来。三是在报刊上通过发表署名为"中共发言人"的文章对外发布新闻信息，如1945年11月至1949年2月，毛泽东多次以"中共发言人"的名义在报刊上发布新闻信息。①

中国共产党新闻宣传思想的最初表述可以追溯至1921年中共一大通过的决议，该决议第一条涉及组织工作，第二条涉及宣传工作："杂志、日刊、书籍和小册子须由中央执行委员会或临时中央执行委员会经办。各地可根据需要出版一种工会杂志、日报、周报、小册子和临时通讯。无论中央或地方的出版物均应由党员直接经办和编辑。任何中央地方的出版物均不能刊载违背党的方针、政策和决定的文章。"②

在国民党反动派对苏区展开围剿并在媒体上大肆污蔑共产党和红军之时，中共开始采取措施加强对外联络和宣传工作，设法突破舆论封锁、对外传播中国共产党的声音。1936年，中共在长征途中成立中央对外联络局，李克农任局长。1936年4月，李克农与周恩来、张学良、王以哲在延安会谈后，曾与刘鼎密切配合，开辟了"瓦窑堡－肤施（延安）－甘泉－洛川－西安"地下秘密交通线，沿线设立交通站运输物资、接送人员，成为苏区与外界联系的秘密通道。③

这条交通线为中共邀请外国记者进入苏区打通了一条安全通道。当年美国记者斯诺对苏区的成功采访就是对外联络局的工作成果。此外，史沫特莱和卡尔逊等都曾先后访问延安。史沫特莱的《打回老家去》《中国在抗战中》，卡尔逊的《中国的双星》，以及斯诺及其夫人1936年、1937年、1939年多次延安之行成就的大作《西行漫记》和《续西行漫记》在西方出

---

① 罗忠敏、刘汉峰：《党史上的新闻发布：毛泽东曾是"中共发言人"》，载于《北京日报》2010年9月1日。

② 中国社会科学院新闻研究所编：《中国共产党新闻工作文件汇编（上）》，新华出版社1980年版。

③ 张静：《中共早期"新闻发言人"敢说敢言获外媒信任》，载于《瞭望东方周刊》2011年7月14日。

版后一度引起轰动，这些独家消息成为西方认识中国红色政权的第一读本。①

1936年7月9日，周恩来接受美国《密勒氏评论报》和《芝加哥评论报》的驻远东记者埃德加·斯诺的采访。1936年7月16日晚，毛泽东正式接受斯诺的采访。针对斯诺的采访提纲，中共领导人还专门组织了一次以"对外邦如何态度——外国新闻记者之答复"为议题的讨论会。②

毛泽东在接受斯诺采访的时候向斯诺透露了打败日本军队的三个条件：一、中国人民结成抗日民族统一战线；二、全世界结成反日统一战线；三、目前在日本帝国主义势力下受苦的各国人民采取革命行动。这其中主要条件是中国人民自己的团结。当被问到这场战争可能持续的时间，毛泽东认为在条件不充分的情况下，要经历痛苦、长久的抗战准备。采访结束前，毛泽东对斯诺说，斯诺可以随便采访而不受干涉。③

1937年10月，斯诺的《红星照耀中国》一书由伦敦戈兰茨公司出版发行。1938年2月中译本改名《西行漫记》，在上海用复社名义出版。中共通过斯诺对全世界发布的红军长征信息成功突破了国民党反动派的舆论封锁。④

抗战期间，中国共产党人在延安以外的重庆和香港等地还利用设立对外宣传组和办事处的方式对外发布新闻信息。1938年底，为适应形势变化，中共中央撤销长江局，在重庆设立南方局，一批长江局的工作人员随之调往重庆。1939年南方局设立对外宣传组，1940年改名为外事组，王炳南任组长。在重庆、香港等地，中共办事处人员与外国记者交朋友，周恩来等时常约谈外国记者。中国共产党在重庆设立的八路军办事处成为重要的新闻发布场所。

---

① 罗忠敏、刘汉峰：《党史上的新闻发布：毛泽东曾是"中共发言人"》，载于《北京日报》2010年9月1日。

②③ 曹柠：《80年前，斯诺初遇毛泽东：他看起来像林肯》，澎湃新闻，2016年7月13日，https://www.thepaper.cn/newsDetail_forward_1497957。

④ 张树军、雷国珍、高新民：《毛泽东之路·民族救星1935–1945》，中央党史出版社2001年版。

1940 年秋，在抗战的关键时刻，龚澎被调往设在重庆的中共南方局外事组，担任周恩来的外交秘书兼翻译，同时也担负着中共新闻发言人的工作职责。龚澎的工作方针是"宣传出去、争取过来"。她的主要任务是与各国驻重庆记者联络，向他们宣传共产党的路线、方针和政策，通报敌后抗日战场的情况，并通过他们向全世界作广泛报道，争取世界各国的舆论支持和军事援助。每天下午，龚澎都会准时来到两路口附近巴县中学内的外国记者站，向来自世界各地的外国记者发布来自中共南方局和解放区的消息。

很多西方记者对龚澎极为信任和推崇，国际友人爱泼斯坦曾评价说，龚澎的个人魅力的确是吸引人的一方面，但更重要的是外国记者可以从她那里听到事实和真话。哈佛大学教授费正清称龚澎是"言论自由的象征"，其魅力是"因为在这个充斥着趋炎附势者的城市中，她扮演了一名持不同政见者的角色。她是在野党的发言人，而在野党的改良主张暴露了执政党的罪恶"。费正清还发现龚澎"对她认识的每一位记者都产生一种驯服功能"。龚澎的魅力甚至赢得了她的对手国民党行政院发言人张平群的称赞。龚澎也因这段经历被称为"中共党史上最早的新闻发言人"。①

1940 年 10 月，皖南事变发生后，周恩来、廖承志分别约见了西方记者白修德、斯诺等人，向他们澄清了事情的真相。斯诺在《星期六晚邮报》上发表文章详尽地报道了事实真相。1944 年，国际国内形势发生了有利于中共的变化，中共南方局外事组组长王炳南利用机会在各国驻华使节和新闻记者当中做了大量的外事宣传工作，为中共邀请外国记者采访延安创造条件。

1944 年 6 月 9 日，由 21 人组成的"中外记者西北参观团"到达延安。6 月 12 日，毛泽东接见记者团全体成员，在面对外国记者提问时，毛泽东明确阐述了中共实行民主、团结一切反法西斯力量、将抗战进行到底的主

---

① 刘金峰：《龚澎：中国共产党历史上首位新闻发言人》，载于《红广角》2011 年第 3 期。

张。美国《纽约时报》记者爱泼斯坦在报道中说："这个地方很久以来是被关闭着的。这次我们来到这里，把一座被关闭了很久的门打开了缝隙，使光线透进来。而这个缝隙虽然很小，但是再要强制地把这座门关闭得像从前那样紧密，恐怕已是不可能了。"①

以"发言人"的名义发表署名文章也是中国共产党新闻发布的重要形式，毛泽东本人就曾多次运用这一传播方式。1945年3月8日，毛泽东以"新华社记者"的名义发表批驳国民党政策主张的谈话。抗战胜利后，针对媒体上污蔑中共的消息，新华社报道中也针锋相对地多次使用"发言人"的称谓发表据理力争的评论。

1945年8月16日，毛泽东亲自为新华社撰写社论《评蒋介石发言人谈话》。1945年11月5日，新华社播发《国民党进攻的真相》，也是毛泽东以"中共发言人"名义发表的谈话。1949年1月25日，新华社发表《中共发言人就和谈问题发表谈话》。1949年2月7日，新华社发表《中共发言人声明拒绝甘介侯来平》的消息，都是毛泽东以"中共发言人"的名义进行的新闻发布。

1946年6月，全面内战爆发，统一战线破裂。周恩来受中共中央委托，在上海设立办事处与国民党谈判。由于国民党当局的阻挠，不允许办事处以"中共代表团驻沪办事处"的名义办公，董必武果断决定："不让设办事处，就称'周公馆'。"②

周恩来在周公馆一楼约40平方米的会客厅中曾多次召开记者会，发布中共对和谈的主张。爱国民主人士李公朴、闻一多遭国民党暗杀后，周恩来先后举行3次记者招待会，列举大量事实，把国民党假民主真独裁的真面目公诸于众，并真诚介绍了中共主张和平、倡导民主建国的一贯主张。

每次记者招待会，小小的会客厅总是被中外记者挤得水泄不通。周恩来

---

① 张静：《毛泽东曾亲任苏区"新闻发言人"》，载于《党史信息报》2011年8月3日。
② 《中国共产党代表团驻沪办事处纪念馆（周公馆）》，干部培训信息网，https://www. ganbu. net/b－show/32. html。

讲到慷慨兴奋时，会撇开翻译章文晋，一面指着作战形势图，一面直接用英语回答记者提问。外国记者在报道时常喜欢特别说明哪些段落是"周将军亲口用英语讲的"。梅益发现，周恩来面对任何古怪、刁钻的问题都能脱稿回答且十分圆满，让包括敌人在内的接受者口服心服。①

参加国共和谈的中共代表团还在南京梅园新村建立了新闻发言人制度。已经加入中共的著名报人范长江被周恩来指名担任中共中央和平谈判代表团新闻处处长，并担任中共发言人。范长江经常发布信息，还要接见频频来访的各界人士，向他们解释中共中央的政策并回答问题。

从 1946 年开始，梅益也加入驻南京的中共代表团担任发言人，同时负责新华社南京分社的工作。② 廖承志、王炳南、范长江、梅益等人和龚澎一道成为中国共产党最早的一批新闻发言人。王炳南主要负责境外媒体，廖承志、范长江和梅益主要负责境内媒体。

第二节 新中国成立后至改革开放前
我国的新闻发布活动*

新中国成立后至改革开放前，党和政府希望通过对内对外各项工作的统一管理凝聚全国的力量聚精会神搞建设。在新闻宣传工作方面的总体策略是服务于巩固新生政权的需要。

1949 年 1 月 18 日，中共中央发布了"对处理帝国主义通讯社电讯办法的规定"，要求各地所有私营报纸及通讯社，一律不得擅自设立收报台

---

① 《周恩来在上海"周公馆"》，人民网，2019 年 12 月 20 日，https：//www.sohu.com/a/361638439_114731。

② 梅益：《我做中共代表团发言人》，载于《新闻与写作》2005 年第 5 期。

* 参见周庆安、卢朵宝：《新中国成立初期新闻发布活动的历史考察》，载于《新闻与传播研究》2009 年第 4 期。

抄收外国通讯社电讯，也一律不得登载各帝国主义国家通讯社的电讯。①
1950年3月，中共中央发布了《关于改新华社为集中统一的国家通讯社的指示》，同年4月，中央人民政府新闻总署发布了《关于统一新华通讯社组织和工作的决定》，对新华社的组织机构进行调整。

1949年12月10日，中央人民政府政务院就制定了一部涉新闻发布的专门法规《关于统一发布中央人民政府及其所属各机关重要新闻的暂行办法》（以下简称《暂行办法》），规定统一发布新闻的目的在于"保障关于中央人民政府及其所属各机关的新闻正确性和负责性"；明确中央人民政府及其所属各机关的新闻发布内容"均由国家通讯社即新华通讯社统一发布"；同时明确了"新闻秘书"一职的设立。

《暂行办法》第四条规定，"中央人民政府所属各院、委、部、会、署、行均应设置一个专任或兼任的新闻秘书"，新闻秘书在机关首长的领导下，负责协助首长执行新闻的发布工作，并应与新华通讯社保持经常联系。该办法也有保障新闻记者采访权利的条款。该办法主要针对国内新闻媒体，也就是说主要针对内宣而非外宣。国外媒体要想获得中国政府的相关信息，须经由新闻总署国际新闻局办理。

《暂行办法》第七条规定："对于外国记者发布中央人民政府及其所属各机关的新闻一事，由新闻总署国际新闻局统一办理。各政府机关不得自由对外国记者发布新闻。"

这个《暂行办法》是新中国第一部有关新闻发布的行政法规。1950年，中央人民政府政务院发布《中央人民政府政务院关于新闻秘书工作初步经验的通报》，提倡各部委学习内务部经验，做好新闻发布工作。

新中国成立初期，对外新闻发布工作主要是由外交部主导的。1949年11月3日，周恩来按照毛泽东"另起炉灶"的外交方针，确定了外交干部

---

① 周庆安、卢朵宝：《新中国成立初期新闻发布活动的历史考察》，载于《新闻与传播研究》2009年第4期。

的名册。1949年12月26日，龚澎被任命为新成立的外交部情报司（1955年更名为新闻司）司长。周恩来指示外交部，现在"我们是代表国家，一切都要正规化，堂堂正正地打正规战"。①

情报司的主要工作内容是负责与外交工作有关的公开情报的收集、分析并写出报告；收集和整理有关外交业务的图书报刊；联络和管理外国记者及外国通讯社。新中国成立初期，可供中央领导人参考的内部资料只有新华社编辑的《参考资料》。龚澎在情报司创立之初就倡议创办了《临时通报》和《快报》等重要的内部刊物。②

按照周恩来的指示，龚澎任内成功组织了外国记者1955年对西藏的采访和考察，还促成拍摄荣获第二届百花奖最佳长纪录片奖的《中印边界问题真相》等。这一时期中国政府的重大新闻都是由新华社首先发布的。

在一些需要对外发声争取国际舆论支持的关键时刻，我国政府也举行过新闻发布会。

1954年的日内瓦会议是中国官方新闻发言人首次在国际舞台亮相。会议期间，龚澎和黄华作为中国政府代表团的新闻发言人举行了多场记者招待会。1954年1月，苏联提议召开包括中华人民共和国在内的五大国日内瓦会议，以缓和亚洲紧张局势。3月3日，我国政府同意与会，并派出以周恩来总理为团长的200多人代表团。熊向辉担任中国代表团新闻办公室的新闻联络官，负责组织新闻发布会，黄华和龚澎是代表团发言人。

在日内瓦两个月的会议期间，中国代表团共举行了六次正式的新闻发布会和两次晚会招待各国记者，扩大了新中国在国际舞台上的影响。周恩来总理一开始就对中国政府代表团新闻办公室的工作作了五条指示：（1）来者不拒，区别对待；（2）谨慎而不拘谨，保密而不神秘，主动而不盲动；

---

① 周庆安、卢朵宝：《新中国成立初期新闻发布活动的历史考察》，载于《新闻与传播研究》2009年第4期。

② 刘金峰：《龚澎：中国共产党历史上首位新闻发言人》，载于《红广角》2011年第3期。

（3）记者提问，不要滥用"无可奉告"，凡是已经决定的，已经公布的，经过授权的事，都可以讲，但要言简意赅，一时回答不了的，记下来，研究后再回答；（4）对于挑衅，据理反驳，但不要疾言厉色；（5）接待中，要有问有答，有意识地了解情况，有选择有重点地结交朋友。①

出国之前，代表团新闻发布工作团队还在外交部礼堂举行了三次"记者招待会"演练，集中懂英语的新华社记者扮演外国通讯社记者，尽其所能提出各种问题刁难发言人。②

1954 年 5 月 28 日，黄华在日内瓦记者中心 C 厅举行记者招待会，出席的记者有 120 人，黄华回答了很多问题，包括联合国在朝鲜战争中的责任等。有记者问："如果会议接受你们代表团认为联合国是朝鲜交战一方的立场，会议以此便自定为联合国的评判者，也就变成了与联合国竞争的一个机构，贬低联合国的价值。这样，中国是否还要做联合国的一个成员国？"黄华答："联合国是朝鲜战争中交战一方，这一事实，联合国自己也不能否认，联合国派遣军队到朝鲜去进行侵略战争，后来被迫坐下来作为交战一方签订了停战协定，因此，无法否认联合国是朝鲜战争中的交战一方，这是一个事实，并不是某一方面的意见。因此，正是联合国的这些非法决议和非法行动贬低了联合国的价值。正是美国自己，而不是其他任何人，操纵联合国通过一些非法决议案，而贬低了联合国的价值。正是为了恢复联合国的声望，维护联合国宪章的原则，就应该恢复中国在联合国的合法地位。"③

1956 年，中共八大在京召开，为了更好地将大会的主题准确而迅速地传播出去，经中央批准，外交部新闻司在八大会场专门设立了新闻报道组。这一做法取得了良好的成效，成功调动了外国记者的工作积极性，让世界能够更快地听到中国共产党的声音。

---

①② 熊向晖：《不尽的思念·于细微处见精神》，中央文献出版社 1987 年版。

③ 廉正保主编：《中华人民共和国外交档案选编·第 1 集：1954 年日内瓦会议》，世界知识出版社 2006 年版，案卷编号：206-C0061。

1957 年 9 月，在中美大使级会谈第七十次会议后，中国代表团在日内瓦中国总领事馆举行记者招待会发布信息称，中国代表团在中美大使级会谈中已经向美方提出关于中美双方在平等互惠基础上允许对方记者入境采访新闻的建议。包括塔斯社、美联社、路透社、纽约时报等大约二十名外国记者参加了记者招待会。①

1964 年 9 月下旬，李宗仁返回大陆。为了采访这一重大新闻，北京聚集了上百名外国记者。外交部新闻司立即汇报中央，建议陈毅副总理举行一次记者招待会，周恩来指定龚澎等四人作为记者招待会的顾问。陈毅副总理在 9 月 29 日下午如期召开中外记者招待会。②

新中国成立之初到改革开放前夕，在一些重大的危机关头，通过透明公开的姿态对外摊牌警示底线，党和国家领导人亲自出席的高规格新闻发布活动起到了缓和危机紧张局势、推动危机妥善解决的重要作用。

中国拥有原子弹及其运载技术后，国家的战略能力和在国际斗争中的话语权开始大增，国际形势开始向更有利于我国的方向发展。1971 年 6 月 21 日，周恩来总理接受美国《纽约时报》等三家媒体记者采访，谈话的内容是关于中美关系和台湾问题。③

1971 年 7 月 15 日，中美双方同时向国际新闻界宣布：美国总统尼克松将于 1972 年 5 月以前访问中华人民共和国。这一新闻在发布后立即震动世界。1972 年 2 月 21 日，尼克松抵达北京。2 月 28 日，《上海联合公报》发表，中美两国关系走向正常化。在尼克松访华之际，周恩来还批准美国新闻媒体在中国租借和使用电视转播设备向全世界发布中美两国改善关系的新闻信息。④

---

① 《中美记者入境采访要平等互惠 中国代表团在中美会谈后举行记者招待会》，载于《人民日报》1957 年 9 月 14 日，第 1 版。

② 张静：《情报司长：中共早期"新闻发言人"》，载于《瞭望东方周刊》2011 年第 28 期。

③ 《周恩来答问录》，人民出版社 2015 年版，第 391 页。

④ 《周恩来租借美国卫星地面站》，金台资讯，https：//baijiahao. baidu. com/s? id = 1683668044383338604&wfr = spider&for = pc。

第三节　改革开放至今我国新闻发布事业的发展历程和主要成就

改革开放以后，为了服务于对外开放，党和国家开始重视新闻发布工作，并随着改革的进展逐步加强针对国内媒体和国内公众的新闻发布。在网络舆情和社交媒体崛起的时代背景下，中国共产党要求不断细化新闻发布政策法规和操作规程、鼓励利用多种新闻发布形式加强对网络舆情事件和政务舆情事件的及时回应和舆论引导。

进入改革开放时期，对外宣传的重要性迅速提高，我国新闻发布制度化建设伴随着对外开放和对外宣传的需要开始起步，召开新闻发布会成为我国对外宣传的一个重要手段。从国务院各部委、中共中央各部门、最高人民法院和最高人民检察院等国家机构、各人民团体到地方各省市、军方各军种，乃至中央企业和国有企业，新闻发布制度陆续普及开来。与此同时，有关信息公开和新闻发布的政策法规也陆续出台并逐步完善，新闻发言人培训也从无到有开展起来。

改革开放后我国政府新闻发布事业的发展有两条主线。一是主观层面的主动信息公开，从以服务外宣为主到内宣外宣并重，从主要服务对外开放发展到同时兼顾满足人民的知情权、主动公开政府信息、主动召开新闻发布会。二是客观层面的外力倒逼推动，突发事件的应急管理和重大事件的舆论引导推动中央各部委和地方各省市普遍建立新闻发言人制度回应社会关切、提升政府公信力。特别是2003年"非典"事件后，突发事件的应急管理和危机传播倒逼我国新闻发言人制度建设加快推进，我国政府系统"横向到边，纵向到底"的三个层次新闻发布体系迅速建立并逐步完善。党的十八大之后，党和国家积极推动新闻发布制度化，并将其作为全面深化改革的一项重要任务来完成。

一、1978～2003 年：新闻发布制度从无到有

（一）政府部门新闻发布制度因应改革开放需要开始起步

改革开放以后至 2003 年"非典"事件之前，我国新闻发布制度经历了一个从白手起家到逐步建立的草创时期。

领导者是天然的新闻发言人。改革开放初期，国家领导人也成为国家的代言人。邓小平同志就多次直面境外记者，向世界说明中国。邓小平同志不仅是中国改革开放的总设计师，也堪称中国改革开放的"首席代言人"、中国共产党和中国政府的首席新闻发言人！

1980 年 8 月 21 日和 23 日，邓小平先后两次接受意大利记者奥琳埃娜·法拉奇的专访。法拉奇一上来就单刀直入地问："天安门上的毛主席像是否要永远保留下去？"邓小平毫不含糊地回答："永远要保留下去。过去毛主席像挂得太多，到处都挂，并不是一件严肃的事情，也并不能表明对毛主席的尊重。尽管毛主席过去有段时间也犯了错误，但他终究是中国共产党、中华人民共和国的主要缔造者。拿他的功和过来说，错误毕竟是第二位的。他为中国人民做的事情是不能抹杀的。从我们中国人民的感情来说，我们永远把他作为我们党和国家的缔造者来纪念。"

法拉奇还提了这样一个问题："据说，毛主席经常抱怨你不太听他的话，不喜欢你，这是否是真的?"邓小平答："毛主席说我不听他的话是有过的。但也不是只指我一个人，对其他领导人也有这样的情况。这也反映毛主席后期有些不健康的思想，就是说，有家长制这些封建主义性质的东西。他不容易听进不同的意见。毛主席批评的事不能说都是不对的。但有不少正确的意见，不仅是我的，其他同志的在内，他不大听得进了。民主集中制被破坏了，集体领导被破坏了。否则，就不能理解为什么会爆发'文化大革命'。"事后，法拉奇回忆说，"我很少发现如此智慧、如此坦率

和如此文雅的领导者"①。

1986 年 9 月 2 日，邓小平又在中南海紫光阁接受美国哥伦比亚广播公司"60 分钟"节目主持人迈克·华莱士的专访。华莱士问："目前中美双方是否存在大的分歧问题？"邓小平答："有。如果说中苏关系有三大障碍，中美关系也有个障碍，就是台湾问题，就是中国的海峡两岸统一的问题。美国有一种议论说，对中国的统一问题，即台湾问题，美国采取'不介入'的态度。这个话不真实。因为美国历来是介入的。在五十年代，麦克阿瑟、杜勒斯就把台湾看作是美国在亚洲和太平洋的'永不沉没的航空母舰'，所以台湾问题一直是中美建交谈判中最重要的问题。"华莱士又问："台湾有什么必要同大陆统一？"邓小平答："这首先是个民族问题，民族的感情问题。凡是中华民族子孙，都希望中国能统一，分裂状况是违背民族意志的。其次，只要台湾不同大陆统一，台湾作为中国领土的地位是没有保障的，不知道哪一天又被别人拿去了。第三点理由是，我们采取'一国两制'的方式解决统一问题。大陆搞社会主义，台湾搞它的资本主义。这对台湾的社会制度和生活方式不会改变，台湾人民没有损失。至于比较台湾和大陆的发展程度，这个问题要客观地看。差距是暂时的。拿大陆来说，我们建国三十七年来，有些失误，耽误了，但根据大陆的现行政策，发展速度不会慢，距离正在缩小。我相信大陆在若干年内至少不会低于台湾的发展速度。道理很简单，台湾资源很缺乏，大陆有丰富的资源。如果说台湾已发挥了自己的潜力，大陆的潜力还没有发挥，肯定会很快发挥出来的。而且就整体力量来说，现在大陆比台湾强得多。所以单就台湾国民平均收入比大陆现在高一些这一点来比较，是不全面的。"②

9 月 7 日，当精神矍铄的邓小平出现在美国千家万户的电视屏幕上时，

---

① 邓小平：《答意大利记者奥琳埃娜·法拉奇问》，见《邓小平文选》（第二卷），人民出版社 1994 年版。

② 邓小平：《答美国记者迈克·华莱士问》，见《邓小平文选》（第三卷），人民出版社 1993 年版。

人们从这张东方面孔上领略了一个伟大政治家的智慧。从广义的角度来说，这几场答记者问也不啻是一场极其成功的对外新闻发布活动。邓小平同志不仅是中国改革开放的总设计师，也堪称中国改革开放的"首席新闻发言人"！①

1982年初，国务院新闻办的前身——中央对外宣传领导小组起草了《关于设立新闻发言人制度》的请示，经中央书记处批示同意，1983年2月，中宣部、中央对外宣传领导小组联合下发《关于实施"设立新闻发言人制度"和加强对外国记者工作的意见》，要求对外交往较多的国务院各部门建立制度、定期或不定期地发布新闻。这个条例被大多数部委认为主要是为外宣服务，为改革开放服务，因此对外交往较多的国务院部门立即着手建立新闻发布制度。

1983年4月23日，中国记协首次向中外记者介绍国务院各部委和人民团体的新闻发言人，正式宣布我国建立新闻发言人制度。1983年11月，由中央工作外宣领导小组牵头制定的《新闻发言人工作条例》正式出台，中国政府的新闻发布工作进入了制度化建设阶段。

在外交部正式建立新闻发言人制度前一年，1982年3月26日，外交部新闻司司长钱其琛就曾首次以新闻发言人身份面对中外记者召开了一场新闻发布会。钱其琛同志在他的著作《外交十记》中透露：1982年初，中苏关系开始酝酿某种变化。3月24日，勃列日涅夫来到乌兹别克共和国首府塔什干发表长篇讲话，承认中国是社会主义国家，强调了中国对台湾的主权，并表示愿意改善对华关系，建议双方磋商，采取一些两国都可以接受的措施改善关系。

邓小平同志马上注意到勃列日涅夫塔什干讲话所传递的信息。当时，中美之间有关美国售台武器问题的会谈取得了进展，"8·17"公报——即

① 邓小平：《答美国记者迈克·华莱士问》，见《邓小平文选》（第三卷），人民出版社1993年版。

中美之间三个公报中的第三个公报——即将签署。中美两国关系的新框架可以说基本确立。看来，苏联不得不实行战略调整，而缓解对华关系正是其中的一个重大步骤。这在客观上为中国调整对苏联政策提供了机会。很快，邓小平同志就打电话到外交部，指示立即对勃列日涅夫的讲话作出反应。那时，外交部还没有正式的新闻发布会制度。钱其琛在新闻司司长的任上，正在考虑设立新闻发言人，此事便成了外交部建立发言人制度的契机。①

3月26日，七八十位中外记者受邀来到外交部主楼门厅内，站在钱其琛周围听他发布了一则简短声明："我们注意到了3月24日苏联勃列日涅夫主席在塔什干发表的关于中苏关系的讲话。我们坚决拒绝讲话中对中国的攻击。在中苏两国关系和国际事务中，我们重视的是苏联的实际行动。"声明念完后，没有提问就结束了。出席发布会的苏联记者当场竖起大拇指，对我说："奥庆哈拉索！"这个特殊的新闻发布会后来引起了在京的中外记者的关注。虽然这次发布会在形式上没有现在的发布会正规，但是从政治和外交角度来说，它紧跟了中央领导的决策，顺应了最新的政策走向，是内容大于形式的一场重要的新闻发布会。②

从新中国成立至1982年以前，外交部曾举行过多次记者招待会，开展新闻发布工作，只是一直没有形成制度。1983年3月1日，时任外交部新闻司司长的齐怀远作为新中国第一位正式的新闻发言人站在中外记者面前宣布："中国外交部从即日起建立发言人制度。"齐怀远还表示，从这天起，外交部将经常举行新闻发布会，介绍我国对国际问题的态度，宣布重要外事活动并对一些问题进行答复；会上将发布新闻和背景材料。以此为标志，中国外交部发言人制度正式建立。从1983年9月起，外交部每月第一次记者会会回答记者提问。从1988年起，每场记者会都设置答记者问环节。1995年至2011年，记者会改为每周两次，周二、周四下午各一次，

---

①② 李建英：《外交部发言人制度是怎样建立的》，载于《纵横》2017年第8期。

除暑期和国家法定假日外风雨无阻。1997 年把现场交叉传译改为幕后同声传译，还取消了对记者提问次数和发布时间的限制。2011 年 8 月至今，外交部例行记者会从每周 2 次增至每周 5 次，每个工作日都有例行记者会。周一至周五每天下午 3 时在外交部南楼蓝厅举行。周六和周日有时候也开记者会。为了方便记者提问，外交部新闻司还于 2000 年设立了发言人移动值班电话。每天 24 小时包括周末和节假日都受理记者提问和回答记者提问。遇有重大、突发事件，外交部还视情举行专场记者会，迅速、主动发布消息。[①]

在外交部设立新闻发言人之后，国家统计局、原外经贸部等对外交往比较多的政府部门也开始设立新闻发言人，开起了新闻发布会，从不定期到定期，从一开始不回答记者提问，到后来渐渐回答记者提问。现在国家统计局的新闻发布工作也很规范，每月都有自主发布，问题涉及宏观经济数据和 CPI 指数等，很多信息跟民生密切相关。现在，国家统计局每个季度都会派领导出席国新办的新闻发布会。

（二）党务部门新闻发布制度开始试水

几乎在政务部门启动新闻发布制度建设的步伐的同时，党务部门的新闻发布制度建设也开始了突破。

1984 年 11 月 25 日至 29 日，朝鲜领导人金日成内部访华。邓小平、陈云等中共领导人同金日成举行了多次会谈和会见。吴兴唐作为中联部研究室的负责人参加了活动。

此后，中联部新闻发言人制度逐步完善，在国家领导人会见外宾后，就由中联部新闻发言人向中央几家主要媒体记者进行"新闻吹风"。"新闻吹风"大大增加了领导人会见消息报道的内容，也成为民众了解中央政策的一个渠道。

---

① 李建英：《外交部发言人制度是怎样建立的》，载于《纵横》2017 年第 8 期。

改革开放初期新闻发言人制度的初衷是加强外宣工作，范围只限于中央一级，还没有地方政府设立新闻发言人。这一时期的新闻发布工作强调要首先做好外国驻京记者等的工作，为他们创造必要的条件，让他们接触实际，了解中国，以便比较公正地向国外介绍中国的情况。

随着中国政务公开步伐的前进，新闻发言人制度的发展方向更多地转向为国内媒体和公众提供信息服务，增加政府透明度、回应社会关切、提高政府公信力、维护公众知情权、鼓励舆论监督、塑造政府形象等方面。新闻发言人制度逐渐朝通过政府信息公开嵌入国家治理过程的方向拓展。

（三） 全国"两会"新闻发布制度稳步发展

20 世纪 80 年代，公众知情权的概念被引入中国。全国人大作为最高国家权力机关，也开始通过设立新闻发言人举办新闻发布会的方式扩大公众的知情权。

1983 年 6 月 4 日，"两会"首任新闻发言人——六届全国人大一次会议副秘书长曾涛、全国政协六届一次会议副秘书长孙起孟同时向中外记者联合发布"两会"新闻，"两会"新闻发布制度从此建立并一直延续至今。整个六届人大期间，新闻发言人都举行了中外记者招待会，介绍会议议程、回答记者提问、宣布选举结果等。

1985 年，彭真委员长指出，对于重大案件不仅要让人民知道审议结果，还要让他们知道审议过程。

邀请总理、副总理出席记者见面会的惯例肇始于 1987 年全国人大常委会办公厅新闻局的成立。1987 年两会期间，全国观众第一次从电视新闻实况录像中看到和听到六届全国人大五次会议期间举行的 8 次记者招待会。[①]

1988 年是人大新闻局成立以后的第一次全国人民代表大会，这一年也是换届之年。1988 年 4 月 13 日下午，大会闭幕之后，应七届全国人大一

---

① 马瑞流：《电视新闻报道的一次突破》，载于《中国记者》1987 年第 6 期。

次会议新闻发言人曾涛的邀请，新当选的国务院总理李鹏和副总理姚依林、田纪云、吴学谦，在人民大会堂出席了有 400 多名中外记者参加的记者招待会。①

1989 年 4 月 4 日，七届全国人大二次会议通过《全国人民代表大会议事规则》，明确规定"全国人民代表大会会议举行新闻发布会、记者招待会。"

1998 年"两会"期间，朱镕基专门给总理记者会定了两条规矩：第一，要尽可能把提问的机会给境外记者，因为大陆的记者见面的机会多得很；第二，不要事先安排，记者提什么问题都可以。②

1998 年 3 月 19 日，九届全国人大一次会议举行记者招待会，大会新闻发言人曾建徽陪同国务院总理朱镕基和副总理李岚清、钱其琛、吴邦国、温家宝与中外记者见面，并回答记者的提问，中央电视台还对这次记者招待会进行了现场直播。朱镕基总理首先亲自向记者们介绍了各位副总理，并且对中外记者出席这个招待会表示欢迎，然后进入答记者问环节。

2000 年 3 月 15 日下午，九届人大三次会议闭幕后，朱镕基总理在人民大会堂出席记者招待会。

朱镕基在阐释了中国政府对台湾问题的立场后说："为什么反响这么大呢？就是因为在某个国家，有一些从来就是反对中国的人士，他们从来就是把中国当作潜在的敌人，要利用台湾这个不沉的航空母舰来反对中国。他们就是愿意或者主张台湾问题要无限期地拖下去，今天你说不能够无限期拖下去，那不就翻了天了嘛。因此，种种的威胁也就出来了，就说如果中国要解决台湾问题，那某某国家就要用武力来干预。3 月 12 日，克林顿总统在霍普金斯大学发表了演说。他讲了这样一段话，就是必须要实现一个由威胁转成海峡两岸对话的这样一种转变。我觉得这句话应该改两

---

① 《媒体整理历年总理记者会十大个性化言语》，载于《新京报》2014 年 3 月 13 日。

② 《盘点四任总理记者会：朱镕基曾要求随便提问题》，载于《京华时报》2014 年 3 月 13 日。

个字才比较确切，就是必须要实现在太平洋两岸之间的由威胁转为对话的这样一种转变！"①

多年来，"两会"新闻报道组为两会的新闻发布工作付出了很大的努力，取得了明显的成效。每年"两会"的新闻准备工作往往很早就开始了。"两会"新闻报道组同时负责全国人大会议和全国政协会议的新闻报道工作。它和大会的总务组一样都是最早开始大会筹备工作的小组。

新闻报道组组长由人大新闻发言人担任，其他负责人则由方方面面的人组成，包括人大和政协常委会的副秘书长、人大和政协新闻局局长，以及中宣部、国新办、广电总局、人民日报、新华社等单位的负责人。新闻单位的负责人纳入新闻组，新闻单位关心什么问题，新闻组都人致清楚。

新闻组下设国内记者组、港台记者组、外国记者组、记者招待会组4个小组和一个办公室。其中，记者招待会组主要负责总理记者招待会的准备工作。

新闻组一般于每年12月底或1月初开始运作，首先要制订新闻报道计划。与此同时，记者招待会小组开始有关材料的准备工作。记者招待会小组由于其重要性，一般由新闻组组长亲自领导。②

准备工作的第一步，是邀请相关部委的负责人开座谈会，请他们就各自工作领域中所面临的、国内外媒体所关注的问题介绍情况。一般说来，这类座谈会要开七八次，涉及的领域往往包括政治、经济、财政、政法、港台、外事、人大、社会工作等各个方面。

在此基础上，有关部门要提出相关的问题清单，以及回答口径初稿。接下来，新闻组要根据这些部门提供的材料和座谈的情况，进行梳理、汇总，形成"新闻媒体和社会各界关心的问题"及答问口径参考稿。③

---

① 周光凡：《领导者的媒体驾驭能力》，清华大学出版社2008年版，第159页。
②③ 《揭秘总理记者会：根本没事先审查记者问题这种事》，中国经济网，2013年3月16日。

如今，"两会"新闻发布会毫无疑问已经成为立法公开和权力运作透明化的一扇窗口。但"两会"新闻发布制度并不意味着我国立法公开制度的形成，目前立法公开并不是强制性的，在我国《立法法》中，没有关于立法信息公开的程序性规定。

放眼未来，笔者认为立法公开至少包括以下内容：（1）立法信息和资料的公开，即除了法律有特别规定应予保密的外，立法机关应采取有效的措施使公民有机会、有条件了解与立法有关的情报资料，如立法的主要根据、背景资料、拟定之法案的主题和问题以及公众参与的途径与方式等。（2）议事过程的公开，即立法机关的一切会议除依法不公开举行的外，都必须公开举行；世界各国都普遍强调议会会议的公开举行，并对举行秘密会议作了严格限制；会议公开举行自然意味着准许公众旁听；旁听应该是不受身份地位影响，除被剥夺政治权利者外，所有的公民都应有权旁听。（3）保障报道自由，新闻媒介可以通过广播、电视、报刊等大众传媒将会议的实际情形报道给社会大众，有的国家还在宪法中对此作了规定。（4）立法成果公开，即各种法律、法规、规章以及普遍适用的解释，均须向社会公开；国家不得以任何方式强迫公民服从尚未公布或应该公布而未公布的规范性文件。

现代社会里，公民应该享有充分的知情权，有权了解立法机关的所作所为。有专家认为，立法民主是以立法公开为前提的，立法公开是立法民主的应有之义。中国的人大应当着力从以下几个方面进一步推进立法公开：（1）公开立法规划、立法计划。（2）公开法律草案，防止"国家立法部门化，部门利益法律化"，法律草案起草阶段就应当允许公民、利害关系人和社会团体以适当方式发表意见，以便及早地、更广泛地汇集民意。（3）公开法律草案的审议。可由委员会决定向新闻单位开放，安排电视或者网络进行直播。（4）公开征求意见情况。（5）公开立法文件和资料。除需要保密的以外，常委会审议的法律草案、委员发言的记录、有关部门的意见以及相关的立法资料等摘要在新闻媒体上发表，并允许专家学者和有关人士查阅。①

（四）十三大前夕明确提出党务公开新举措

1987 年 7 月，中宣部、中央对外宣传小组联合发布《改进新闻报道若干问题的意见》，对国务院新闻发言人制度作出规范：国务院会议作出的可以公开报道的重要决定，由国务院新闻发言人定期（每月 1 次或 2 次）举行中外记者招待会或新闻发布会加以介绍，还可就一个时期国内政治、经济、文化等方面全局性的重大问题和群众关心的问题发布新闻并答记者问。②

1987 年 11 月，中共十三大报告明确提出要提高党和国家机关的透明度和开放度，重大情况要让人民知道，重大问题要经人民讨论，要通过各种现代化的新闻和宣传工具，增强对政务和党务活动的透明度。至此，中国政府的新闻发布进入了信息公开的制度建设阶段。

1988 年，中央进一步明确了要逐步建立和完善新闻发布制度，中共中央办公厅转发《新闻改革座谈会纪要》，对中央政治局和国务院会议消息发布工作的制度化，健全中央和国家机关各部委新闻发言人制度，定期举行新闻发布会、记者招待会等提出建议。

该纪要指出，对中央举行的一些重要会议和作出的一些决定，过去新闻媒体对内对外大多只发简报，外界往往猜测纷纭，有的外国新闻机构则捕风捉影，甚至歪曲报道，建议中央政治局和国务院会议消息的发布工作要制度化，定期举行新闻发布会和记者招待会。此后，中国政府的新闻发布工作进入制度化建设阶段。

（五）邓小平南方谈话后新闻发布制度建设回归稳步发展轨道

1992 年邓小平南方谈话以后，对外开放迈出了新的步伐，满足外国媒

---

① 乔晓阳：《推进立法公开促进立法民主》，载于《人民日报》2005 年 8 月 20 日。
② 纪忠慧：《新闻发布：阳光政府与透明权力的制度之变》，载于《新闻与写作》2009 年第 4 期。

体采访报道要求，对外国记者发布新闻信息的问题越来越突出，中央提出要加强这方面的工作，国务院专门开会明确由国务院新闻办来负责推动国务院、各省区市的新闻发布工作。

借着邓小平南方谈话的春风，从中央部委到地方省市，从政策制定到政策实施，从立法部门到司法部门，不同层级的新闻发布制度建设恢复了稳步发展的节奏。从"十四大"闭幕的次年即 1993 年到"非典"事件爆发的 2003 年，国务院新闻办组织的新闻发布工作稳步发展，制度建设不断推动。

1993 年，国务院专门开了一个会，明确由国务院新闻办公室来负责国务院的新闻发布工作，同时也赋予国务院新闻办推动国务院各部委和地方各省区市新闻发布工作的职能。国务院新闻办公室成立于 1990 年，1991 年 1 月正式挂牌。国务院新闻办的主要职责是推动中国媒体向世界说明中国。国务院新闻办开始运作后，我国的新闻发言人制度建设开始有了官方的业务指导部门。①

1993 年 1 月，外经贸部部长李岚清在国务院新闻办组织的发布会上介绍了 1992 年中国对外贸易的状况，这是国务院新闻办组织的第一次新闻发布会。②

1994 年浙江发生千岛湖事件，这一事件的舆论引导工作存在很大缺陷。千岛湖事件后，国家发文件要求今后由国务院新闻办来负责突发事件的对外信息发布，在此之前还没有对内发布突发事件新闻信息的做法。此前国内的公众想很难及时了解突发事件信息，国务院新闻办通过监测境外舆情，看到境外媒体报道中国内地突发事件消息后向地方政府要口径，往往会耽误两三天。③

---

① 郭卫民：《推动新时代新闻发布事业迈上新台阶》，载于《对外传播》2023 年第 11 期。

② 刘志辉：《1989—1992：中共领导人成功应对西方制裁的外交战略与政治智慧》，中国共产党新闻网，2014 年 5 月 4 日，http：//dangshi. people. com. cn/n/2014/0504/c384616 - 24971840 - 4. html。

③ 《1994 年千岛湖惨案》，央视网，2012 年 3 月 30 日，http：//news. cntv. cn/china/201203 30/109160_2. shtml。

到 1995 年，大部分中央部委都已建立新闻发言人制度。外交部、原外经贸部的新闻发布工作开展较早。

1997 年 11 月，党的十五大报告指出"坚持公平、公正、公开"的原则实行"政务公开"："城乡基层政权机关和基层群众性自治组织，都要健全民主选举制度，实行政务和财务公开。"这一要求对于新闻发布制度加快发展显然有正面推动的作用。

在政务公开工作快速前进的同时，司法公开也开始初试啼声。1998 年，北京一中院开始实行公开庭审。当时只是司法形式上的变化，但是最后却催生了全国的审判制度改革，成为我国司法公开取得重要进展的一个标志性事件。[①]

1999 年 2 月 9 日，最高人民法院院长肖扬表示，各级法院要逐步建立新闻发言人制度，定期向社会公布法院审判活动情况，自觉接受新闻舆论的公开监督。[②]

1999 年 6 月，公安部发出《关于在全国公安机关普遍实行警务公开制度的通知》，决定在实行多年的"两公开一监督"等警务公开形式的基础上，依照《人民警察法》第四十四条的规定，在全国公安机关普遍实行警务公开制度。

2000 年 9 月 5 日，国务院台湾事务办公室举行首次新闻发布会。新闻发言人张铭清表示国台办正式建立对台新闻发布制度，引起两岸媒体高度关注，近百名中外记者前来采访。[③]

值得一提的是，香港和澳门回归后，新闻发布制度也取得了新的突破。1997 年 7 月 1 日香港回归后，特区政府致力于推动行政公开化，政府

---

①② 张晨：《面向社会敞开大门 司法公开让人民群众目睹公平正义》，环球网，2019 年 7 月 19 日，https：//baijiahao. baidu. com/s？ id = 1639439899119010085&wfr = spider&for = pc。王炽：《各级人民法院将逐步建立新闻发言人制度》，载于《光明日报》1999 年 2 月 10 日。

③ 《国务院台办举行首次新闻发布会》，国务院台办，2000 年 9 月 5 日，http：//www. gw-ytb. gov. cn/xwdt/xwfb/xwfbh/201101/t20110106_1679192. htm。

新闻发言人的角色作用日益突出。香港特区政府新闻处的使命就是通过媒体向香港市民及世界各地推介特区政府的政策、措施及服务。同年，中国人民解放军驻香港部队也设立对外新闻发言人，发言人办公室还开设热线电话，在香港媒体公布。

2000 年 1 月，澳门特别行政区第九届全国人民代表大会选举会议建立新闻发言人制度，公开办公电话，为参选人提供必要资料，选举过程对媒体开放，提高选举透明度。

1994 年 4 月 20 日，中国通过一条 64K 的国际专线接入国际互联网，从此进入互联网时代。随着互联网在中国的快速普及，这一技术也给新闻发布工作带来了新的机遇和挑战。

1999 年，中国社科院成立专门机构开始研究政府信息公开立法问题。1999 年 2 月，《中共中央办公厅关于进一步加强信息工作的意见》发布，要求报送信息一定要全面，确保信息的完整性。要坚持全方位、多领域、多角度地提供信息，防止以偏概全，顾此失彼，以一种倾向掩盖另一种倾向。要喜忧兼报，既报喜又报忧。反映问题的信息既要报给本级党委，也要报给上级党委和中央。党委办公厅（室）要敢于报忧，各级党委要支持信息工作人员报忧。对敢于如实报忧的部门和人员，要支持鼓励，绝不允许有任何歧视和打击报复，绝不能报喜得喜、报忧得忧。

（六）十六大后我国政府三个层次的新闻发布体制逐渐成形

2002 年 11 月 8 日至 14 日，党的十六大在北京举行，十六大报告明确要求"要认真推行政务公开制度"。2003 年 1 月 1 日，深圳率先在地方政府层面出台了政府信息公开制度。同年，佛山市顺德区借助大部制改革试点，将区政府新闻办提升为与区委宣传部平级的部门，由宣传部常务副部长兼任新闻办主任。

2003 年 1 月 9 日，中共中央政治局常委李长春在全国对外宣传工作会议上提出，要建立国务院新闻办、各部委和地方政府三个层次的新闻发布机制和工作程序。涉及党和国家重大政治事件和重大经济活动等内容的新闻，要由有关部门的主要负责人向国外记者介绍情况。①

2004 年 4 月，中共中央下发《中共中央关于加强和改进新形势下对外宣传工作的意见》明确指出："建立中央对外宣传办公室、国务院各部委及省级政府三个层次的新闻发布工作机制，明确职责，注重策划，加大对新闻发言人的培训力度，提高新闻发布的效果和权威性，做到经常化和制度化。"

2004 年 12 月 28 日，国务院新闻办公室首次公布了 62 个部委 75 名新闻发言人及其新闻发言工作机构的通讯方式，这标志着我国政府三个层次的新闻发布体制已基本建立。在公众较为关注的卫生、公安、教育、环保、应急等重要职能部门，基本建立了从中央到地方市县一级的定期新闻发布制度。北京、上海、四川和西安、长沙等地已经或正在制定和实施新闻发言人制度。一些地方及时举办新闻发布会公布突发事件处置情况。

二、2003~2012 年：新闻发布制度建设快速推进

（一）危机事件成为推动信息公开决策透明的催化剂

2003 年的"非典"事件，以及一系列突发事件促使我国的新闻发言人制度加快建立起来。这些事件包括 2003 年年初的"孙志刚案"等。

在这些事件的处理过程中，各级政府认识到，在互联网时代，必须尊重公众对事关民生的重大事件的知情权，必须加快建设我国的新闻发言人制度。可以说，"非典"是我国新闻发言人制度建设摆脱相对停滞状态的催化剂，从根本上倒逼了我国政府新闻发布制度谋求突破性发展。

---

① 汪兴明、李希光主编：《政府发言人15讲》，清华大学出版社 2006 年版，第 46 页。

从 2003 年 4 月初到 6 月 24 日疫情解除，卫生部连续举办了 67 次新闻发布会。其后，卫生部作为国务院确定的例行新闻发布会的三个试点部门之一建立了定时定点新闻发布制度，每月 10 号例行发布，是国内第一个实施例行新闻发布制度的部委。曾任国务院新闻办副主任的王国庆说：中国政府新闻发布工作有较大的发展或者里程碑式的变化是在"非典"之后。原来我们很难请一个部委的负责同志来开发布会，打电话、正式去函，是求别人来开发布会。"非典"之后，情况逐渐发生了变化，不是我们去求，有很多情况是反过来了，要求我们开发布会。①

（二）党和国家领导人越来越重视新闻发布工作

2003 年 3 月 21 日，国务院总理温家宝主持召开新一届国务院第一次全体会议时提出：要诚恳接受舆论和群众的监督，高度重视和解决新闻媒体反映的问题，要经常发布政务信息，以增加政府工作的透明度。

2003 年 5 月 11 日，国务院第七次常务会议通过的《突发公共卫生事件应急条例》，规定国家建立突发事件的信息发布制度。

2004 年 1 月 19 日，温家宝总理在《关于国务院新闻办 2003 年新闻发布工作情况和 2004 年新闻发布工作设想的报告》上批示："对各部门的新闻发布工作，国务院要给予指导。总结经验、完善制度、提高水平"。

2005 年，中央领导在国务院新闻办公室的工作报告上批示："围绕大局和重要题材，准确发布信息，正面引导舆论；树立良好形象，积极扩大影响，发挥了不可替代的作用。"②

2008 年 6 月 20 日，胡锦涛在视察《人民日报》时对新闻发布的重要性给予了充分肯定，要求"尊重新闻传播的规律""完善新闻发布制度……第

---

① 央视国际：《王国庆：新闻发言人刚及格》，中央电视台《新闻会客厅》，2007 年 7 月 13 日。
② 王国庆：《加强地方政府新闻发布制度的建设》，见《政府新闻发言人十五讲》，清华大学出版社 2006 年版，第 48 页。

一时间发布权威信息，提高时效性，增加透明度"。①

2009 年 3 月 1 日，习近平在中央党校春季开学典礼上谈到领导的能力建设问题时，首次提出了"同媒体打交道的能力"。他督促各级领导干部要"尊重新闻舆论的传播规律，正确引导社会舆论，要与媒体保持密切联系，自觉接受舆论监督。"②

（三）从中央政府到地方政府纷纷开始设立新闻发言人

"非典"过后，我国新闻发布制度建设更大的变化表现在，从中央部委到地方省市，新闻发布制度建设和新闻发言人的设立和新闻发布会的召开进入"井喷"的状态，新闻发言人培训也应运而生，如火如荼地在全国范围内开展起来。

2003 年 6 月，上海市人民政府开始建立新闻发布制度，推出了上海市人民政府新闻发言人焦扬。上海成为全国最早建立新闻发布制度和设立政府新闻发言人的省份。

2003 年 7 月，北京市和青岛市设立新闻发言人制度，并邀请清华大学国家传播研究中心培训发言人。

2003 年 7 月 22 日，最高人民检察院正式启动新闻发言人制度。新闻发言人张仲其主持召开了首次新闻发布会。

2003 年 8 月，南京市设立新闻发言人制度，邀请国务院新闻办和清华大学负责培训发言人。

2003 年 9 月，深圳正式实施《政府新闻发言人工作制度》，制定了多项发布工作的规范性文件。新闻发言人工作实行"行政首长负责制"，由各单位的行政首长对新闻发布工作负直接领导责任。

---

① 《胡锦涛在人民日报社考察工作时的讲话》，央视网，2008 年 6 月 26 日，https：//news.cctv. com/china/20080626/103354. shtml。

② 郑端端：《道歉迟迟来缘于媒介素养"盲点"》，人民网，2015 年 1 月 3 日，http：//opinion. people. com. cn/big5/n/2015/0103/c159301 – 26314424. html。

2003 年 9 月和 11 月，国务院新闻办公室分别举办了两期新闻发言人培训班，共有来自 66 个中央、国家机关和各省市的 177 名学员参加了培训。

2003 年 12 月，公安部建立新闻发言人制度并举行例行发布会，此前的 7 月 26 日至 30 日，全国公安机关新闻发言人培训班也在中国人民公安大学举办。

"非典"事件后不久，党中央、国务院、人大、政协、高法和高检的九十多个部门和机构设立了发言人，有 160 多位新闻发言人在任，三十一个省市自治区政府都设立了新闻发言人。①

2006 年 9 月 12 日，时任最高人民法院院长肖扬在全国法院新闻宣传工作会议上表示，最高人民法院和高级人民法院两级新闻发布体制正式建立。肖扬要求，具备条件的中级人民法院和基层人民法院，均应当设立新闻发言人，建立新闻发布制度，围绕大局和重要题材，准确发布信息，主动引导舆论，保障公众知情权。②

最高人民法院明确的各级法院新闻发布的主要内容是：介绍人民法院的有关工作，包括法院制定的重要的司法文件和各种政策规定，有关法律法规、司法政策的执行情况及进展；人民法院的重大先进典型事迹，重大的工作部署和重要举措；各类大案要案及社会关注案件的审理情况；针对外界对法院工作所产生的误解、疑虑，以及歪曲和谣言，通过及时发布权威信息，解疑释惑，澄清事实，驳斥谣言；发布其他需向社会公布的法院信息。按照规定，司法个案原则上按照属地原则发布，重大的、特殊的案件或在全国有影响的案件，由最高人民法院发布。高级法院在重大事项发布新闻前，应将要发布的新闻及发布口径报最高人民法院备案，以保持在

---

① 《部委新闻发言人大多身兼要职》，中国网，2004 年 12 月 29 日，http：//lianghui. china. com. cn/chinese/2005/Jan/751376. htm。《警魂涅槃——二〇〇三年公安工作回眸》，新浪网，2004 年 1 月 20 日，https：//news. sina. com. cn/c/2004 - 01 - 20/20461634963s. shtml。

② 《81 岁"改革院长"肖扬去世，曾力推收回死刑复核权》，载于《南方都市报》2019 年 4 月 19 日。

重大事项上全国法院的协调一致。地方法院发布的重大新闻，必要时也可商请中央新闻媒体及时转发。①

2006年9月21日，肖扬又在上海合作组织成员国最高法院院长会议上表示，现代社会信息的传播途径已经发生了深刻变革，信息对社会发展的影响日益深远，司法与媒体、网络的关系日益重要，必须对网络上有关司法的消息及时应对，以正确信息引导公众，以真实信息抵制虚假信息，树立法律和司法的权威。②

2006年12月28日，国务院新闻办公室举行2006年最后一场新闻发布会，请来自己部门的部长——国务院新闻办公室主任蔡武介绍中国新闻发布和发言人制度建设情况。蔡武说，国务院已有74个部门建立了新闻发布和新闻发言人制度，设立了91位新闻发言人。全国31个省（区、市）人民政府都已经建立了新闻发布和新闻发言人制度，共设立了52位发言人。全国人大、全国政协、最高法院、最高检察院以及全国总工会、共青团中央、全国妇女联合会也都建立了新闻发布和新闻发言人制度，设立了新闻发言人。

在这场发布会上，国新办第三次公布了"国务院各有关部门新闻发言人名单及新闻发布工作机构电话"；第一次公布各省（区、市）新闻发言人名单及新闻发布工作机构电话；首次公布了7个党中央有关部门8位新闻发言人的名单及新闻发布工作机构的电话，这些机构是：中纪委、中共中央统战部、中共中央对外联络部、中台办、中共中央文献研究室和中共中央党史研究室等。党务部门召开新闻发布会，说明党务工作不仅向党内公开，而且向党外公开。国新办主任蔡武评价道，"这是质的飞跃"。③

---

① 《全国高院60多位新闻发言人接受培训》，法律快车，https：//law. lawtime. cn/lifadongtai/4266. html。

② 《81岁"改革院长"肖扬去世，曾力推收回死刑复核权》，载于《南方都市报》2019年4月19日。

③ 《中共中央7部门设新闻发言人》，新浪网，https：//news. sina. com. cn/c/2006 - 12 - 29/054410887984s. shtml。

在北京奥运会举办前夕的 2006 年 11 月 1 日，国务院颁布了《北京奥运会及其筹备期间外国记者在华采访规定》，该规定自 2007 年 1 月 1 日起实施，2008 年 10 月 17 日自行废止。

在整个奥运筹备和举办过程中，我国政府对中外媒体采取了全方位的开放策略，允许外国记者对奥运、对我国实施透明的采访与报道，彰显中国以更加开放的胸怀面对全球媒体和各国公众。

（四）国防部门和国有企业新闻发布制度建设开始启动

随着中国经济的发展和军事实力的增长，外界特别是国外对中国国防和军事力量的关注越来越多，中国军队的透明度和中国发展军事力量的战略意图成为媒体特别是境外媒体越来越爱报道的素材。

透明是信任的基础，在军事领域保持一定的透明度是有利于建立国际上对中国国防部门的信任的。中国的防务信息正在迈向公开和透明化，1998 年以来，每两年发表一次的军事报告日趋详细，解放军和国外同行的交流日益频繁。

2003 年 4 月 16 日，中国海军"明级"潜水艇 361 号发生事故，70 名官兵遇难，中国政府破例在 5 月 2 日公开宣布了这起事故。[①]

2006 年 12 月 28 日，时任国务院新闻办公室主任蔡武在美国 CNN 记者问及"国防部是否有这种打算来召开新闻发布会，回答媒体的问题，您打算怎么说服国防部？"他回答道："现在世界上这么关注中国，而且在今天这个信息化时代，如果我们自己不主动地把权威的、准确的信息向媒体和公众公布，我们不说，会有人替我们说，他说的可能是不完全的、不准确的，甚至是歪曲的信息，去纠正这种不准确的信息所造成的后果，我们就可能会用很大的努力，付出更大的代价。……包括国防部在内的几

---

① 《胡锦涛江泽民分别发唁电　哀悼海军潜艇遇难官兵　慰问遇难官兵亲属》，载于《中国青年报》2003 年 5 月 4 日。

个重要的国务院部委都在积极地考虑这个事情，在部署这个事情，有的专家已经提出来了，要争取尽快地跟上这个潮流，我想指日可待，不会拖很长时间。"①

2007 年 1 月 5 日，中国一航举行新闻发布会，主动公布歼－10 飞机的研制和列装情况；解放军宣布有意与美国国防部之间安设紧急电话热线；国防部已宣布建立自己的新闻发布制度，这些都是解放军走向信息更加公开、形象更加透明的表现。②

2007 年 7 月 17 日，美国《侨报》发表《中国不愿再对世界之"问"说"不"》："中国军方发言人制度也已提上日程，有望 2008 年启动，届时，中国将形成党、政、军完备的新闻发布体系。眼下，军方已着手开展军事新闻发言人的培训。中国军事最高学府国防大学已经派人考察学习了中国浦东干部学院教学实验中心的媒体应对情景模拟课程，并设立了自己的模拟'军事新闻发言人'的相关课程。"

2007 年 7 月 30 日，在中国人民解放军建军 80 周年前夕，为使外国新闻媒体更多地了解中国军队，国防部外事办邀请了 48 家境外媒体的 100 名驻京记者赴北京军区 196 旅参观。外国记者对 196 旅官兵良好的职业素养、高水准的训练质量和严明的组织纪律给予了很高的评价，他们亲身感受到中国军队正在以更加开放、更加透明、更加自信的形象面向世界。2007 年 9 月，国防部新闻发布制度终于正式宣布建立。③

汶川地震催生了国防部新闻发布制度加快成熟。2008 年 5 月 15 日，国防部新闻发言人在抗震救灾中首次亮相。2011 年，国防部建立了例行记

---

① 《中国政府 29 日将发表〈2006 年中国的国防〉白皮书》，中国政府网，https：//www. gov. cn/zhibo44/content_481627. htm。《国新办介绍中国新闻发布工作和新闻发言人制度建设进展》，中国网，http：//www. scio. gov. cn/xwfb/gwyxwbgsxwfbh/fbh/202307/t20230704_722443. html。

② 《2007 年 1 月 5 日，歼－10 战斗机首次公开披露》，中国军网，http：//photo. 81. cn/tsjs/2017－01/05/content_7438506. htm。

③ 《国防部组织外国媒体驻京记者参观北京军区 196 旅》，中国政府网，https：//www. gov. cn/jrzg/2007－07/30/content_701195. htm。

者会制度，通过"三步走"构建国防部新闻发布制度常态化运行机制，建立起以例行记者会为主体，专题发布、日常发布、媒体采访等多种形式综合运用的新闻发布体系，推动新闻发布在法制化规范化的轨道上向前发展。

中央企业和国有企业也开始纷纷设立新闻发言人，实行新闻发布制度。2009年9月，国资委提出要指导"央企"进一步加强和改进新闻发布制度建设，设立新闻发言人以及相应的新闻发布机构。2011年2月，国资委公布了119家央企新闻发言人联系方式。[1]

（五）十七大前后党务部门开始建立新闻发言人制度

"非典"之后，众多中共中央党务部门陆续开始建立新闻发言人制度，对外公布新闻发言人姓名和联系方式，积极推进党务公开，党委新闻发言人制度开始系统性地建立起来。[2]

党务公开，即通过会议、文件、媒体等多种形式，逐级和及时地向党员通报党的代表大会的报告、党的各级组织对重大问题的讨论和决策情况。党务公开坚持重大事情党内先知道，重要文件党内先传达，重大问题的决定党内先讨论，重大决策的实施党内先发动的原则。逐步推进党务公开，目的是使党员更好地了解和参与党内事务，充分行使知情权、参与权、选择权和监督权。

党务公开分两个层面：第一个层面是对广大党员公开，为发扬党内民主创造条件；第二个层面是向党外群众和整个社会公开。除涉及党和国家机密的以外，都要尽量公开，增强党务工作的透明度。而召开新闻发布会，正是党务公开的一个有效途径。

2003年9月25日，中联部成为第一个亮相国务院新闻办的中共中央

---

[1] 《国资委公布央企新闻发言人联系方式》，载于《南方都市报》2011年2月19日。

[2] 刘金峰：《党委新闻发言人制度的演进、问题与对策》，载于《上海党史与党建》2011年第3期。

直属机构，时任副部长的蔡武向媒体介绍中国共产党的对外交往情况。①

2003 年 12 月 31 日发布的《中国共产党党内监督条例（试行）》规定："中央委员会作出的决议、决定和中央政治局会议的内容，根据需要以适当方式在一定范围通报或向全党通报。地方各级党的委员会全体会议作出的决议、决定，一般应当向下属党组织和党员通报，根据实际情况，以适当方式向社会公开。地方各级党委常委会会议的内容和本地区的重要情况，根据需要以适当方式在一定范围通报或向本地区的党组织和党员通报。""党的各级委员会、纪律检查委员会在同级党的代表大会闭会期间，根据需要将有关决策、重要情况向本次党的代表大会代表通报。"

2004 年 9 月 19 日，党的十六届四中全会通过《中共中央关于加强党的执政能力建设的决定》，提出推进党务公开的要求："发展党内民主，是政治体制改革和政治文明建设的重要内容。要认真贯彻党员权利保障条例，建立和完善党内情况通报制度、情况反映制度、重大决策征求意见制度，逐步推进党务公开，增强党组织工作的透明度，使党员更好地了解和参与党内事务。"十六届四中全会提出了"党务公开"、增强党内透明度的问题。

2005 年 7 月 7 日，时任中共中央组织部副部长李景田出席国务院新闻办新闻发布会，介绍保持共产党员先进性教育活动有关情况，在这场发布会上，李景田还对谣言作出了澄清。来自美联社、路透社、香港《文汇报》等媒体的 11 名记者获得提问机会。

中国新闻社记者问："在国新办的推动下，中国许多国家部委开始实行新闻发布制度，而这次中组部的领导也走到了国新办新闻发布会的现场。我不知道这是不是中国高层党务机构第一次走到国新办新闻发布会的

---

① 《国务院新闻办公室 2003 年 9 月 25 日记者招待会》，中国网，http://www.china.com.cn/zhibo/content_8784540.htm。

现场？是不是意味着中国党务工作有可能从神秘走向公开？是不是意味着以后还会有更大的动作出现？"

李景田答："这次和媒体朋友们见面，对于中央组织部来说可能是第一次，但是就中国共产党的高层机关来说，以前也有一些部门召开过这样的新闻发布会。党的工作并不神秘，党的代表大会、党中央的委员会和政治局会议都公开在媒体作报道。早在战争时期，毛泽东同志就曾接受过斯诺、斯特朗的采访，并成为终身的好朋友。恐怕还不能说中国共产党从现在才开始从神秘走向公开吧？"①

国务院新闻办公室新闻局原局长郭卫民在主持发布会时说，这是中组部领导第一次出席国务院新闻办公室的发布会，标志着中国共产党的党务工作，向着公开和透明的方向走出了重要一步。②

2006年10月11日，十六届六中全会通过《关于构建社会主义和谐社会若干重大问题的决定》，提出推进党务公开、以党内和谐促进社会和谐的新命题："坚持和完善民主集中制，扩大党内民主，推进党务公开，严格党内生活，严肃党的纪律，增进党的团结统一，以党内和谐促进社会和谐。"

十七大前夕，围绕中国共产党十七大的召开，中宣部组织了一系列新闻发布会，全面地介绍党和国家取得的成就，推动了党的部门负责人出席发布会，介绍党的工作，宣传党的发展，体现党务工作的透明度。

2007年10月15日至21日，中国共产党第十七次全国代表大会在北京召开。十七大报告明确指出："确保权力正确行使，必须让权力在阳光下运行"。推行政务公开、打造阳光政府已是大势所趋。"十七大"召开之前和召开期间，国务院新闻办围绕十七大召开了一系列新闻发布会，全面介绍我们党和国家取得的成就，也开始推动党的部门负责人出席发布会介

---

① 《中组部直面敏感问题　党务公开迈出重要一步》，新浪网，https：//news. sina. com. cn/c/2005 - 07 - 12/12446415059s. shtml。

② 范伟：《中组部亮相新闻办》，载于《学习时报》总第293期。

绍党的工作，宣传党的事业，体现党组织工作的透明度。①

2009 年 9 月 15 日至 18 日，中国共产党第十七届中央委员会第四次全体会议在北京举行。9 月 18 日，会议通过的《中共中央关于加强和改进新形势下党的建设若干重大问题的决定》，在论述"积极发展党内民主"时明确提出建立党委新闻发言人制度保障党员主体地位和民主权利："以落实党员知情权、参与权、选举权、监督权为重点，进一步提高党员对党内事务的参与度，充分发挥党员在党内生活中的主体作用。推进党务公开，健全党内情况通报制度，及时公布党内信息，畅通党内信息上下互通渠道。建立党委新闻发言人制度，办好党报党刊和党建网站。拓宽党员意见表达渠道，建立健全党内事务听证咨询、党员定期评议基层党组织领导班子成员等制度。鼓励和保护党员讲真话、讲心里话，营造党内民主讨论、民主监督环境。扩大党内基层民主，发挥党的基层组织在保障党员民主权利方面的作用。加强民主集中制教育，提高党员民主素质，引导党员正确行使权利、认真履行义务。"

2010 年 6 月 30 日，国务院新闻办在北京举行了中共中央有关部门新闻发言人与中外记者见面会。国务院新闻办公室主任王晨在会上逐一介绍中纪委、中组部、中宣部等 11 个中共中央部门和单位的 11 位新闻发言人。这 11 位中央部门的新闻发言人首次集体同中外记者见了面，并向中外大批记者介绍有关情况，回答记者提问，新华网直播了此次见面会。中央外宣办新闻发言人、国务院新闻办新闻局局长郭卫民在见面会上回答记者问题时表示，以中央外宣办的名义组织发布会是我们推进党务公开工作的一个做法，今后有关党务信息的发布，将会以中央外宣办的名义组织。②

2011 年 6 月，上海市率先公布市委新闻发言人和全市第一批 9 部门 13

---

① 于森、雷向晴：《盘点与展望：新闻发言人制度新年新气象——再访国务院新闻办公室新闻局局长郭卫民》，载于《对外大传播》2007 年第 1 期。

② 《中共中央有关部门新闻发言人与中外记者见面会》，中国政府网，https://www.gov.cn/wszb/zhibo395/index.htm。

位党委新闻发言人名录。①

（六）国家继续加大对新闻发布工作的制度供给

"非典"之后，党和政府继续在制度层面加大对新闻发布工作的政策支持和保障。2004 年 9 月 19 日，党的第十六届中央委员会第四次全体会议审议通过的《中共中央关于加强党的执政能力建设的决定》，明确提出要"逐步推进党务公开，增强党组织工作的透明度"，强调要"重视对社会热点问题的引导，积极开展舆论监督，完善新闻发布制度和重大突发事件新闻报道快速反应机制"。

2005 年 3 月，中共中央办公厅、国务院办公厅联合下发《关于进一步推行政务公开的意见》，要求"完善政府新闻发布制度，通过政府新闻发布会定期发布政务信息"，明确地将新闻发布制度列为中国政府政务公开的重要保障。

2006 年 1 月 8 日，国务院发布《国家突发公共事件总体应急预案》，预案中对突发公共事件的信息发布有明确的规定："突发公共事件的信息发布应当及时、准确、客观、全面。事件发生的第一时间要向社会发布简要信息，随后发布初步核实情况、政府应对措施和公众防范措施等，并根据事件处置情况做好后续发布工作。""信息发布形式主要包括授权发布、散发新闻稿、组织报道、接受记者采访、举行新闻发布会等。"

2006 年 3 月 5 日，时任国务院总理温家宝在第十届全国人民代表大会第四次会议上作的政府工作报告中指出："大力推行政务公开，完善政府新闻发布制度和信息公布制度，提高工作透明度和办事效率。"

2006 年 4 月，国务院办公厅印发《关于进一步改进和加强政府新闻发布制度建设意见的通知》，提出政府新闻发布工作的主要任务是：紧紧围

---

① 《上海建立健全党委新闻发布制度》，中共上海市纪委上海市监察委员会官网，https：//www.shjjjc.gov.cn/2015jjw/n2230/n2237/u1ai34447.html。

绕党和政府的中心工作，全面、准确、主动、及时地向社会公众介绍改革开放、经济建设、社会发展等方面的重大方针政策及其执行情况，增进公众对政府工作的了解和理解。

2007 年 3 月 11 日，十届人大五次会议第三次全体会议上，吴邦国在作全国人民代表大会常委会工作报告时说："完善新闻发布制度，办好中国人大网和人大说法专栏，开通全国人大常委会会议视频直播系统，进一步增加工作的透明度。"

在制度供给这一块，尤其值得一提的重大进展就是政府信息公开条例的出台，使得政府信息公开工作从此有了坚实的法制保障。

《中华人民共和国政府信息公开条例》（以下简称《政府信息公开条例》）于 2008 年 5 月 1 日开始正式实施。条例规定"县级以上人民政府部门应当建立健全本行政机关的政府信息公开工作制度，并指定机构负责本行政机关政府信息公开的日常工作。"条例还规定应将主动公开的政府信息通过新闻发布会等方式公开。这一规定使各地设立专门的新闻办公室成为进行政府信息公开的必要措施。《政府信息公开条例》将政府新闻发布的范围和新闻媒体公开报道的界限作了明确的界定，为提高新闻发布的透明度提供了可操作的框架。

对于新闻发布制度建设来说，除了政府信息公开条例之外，突发事件应对法的颁布也具有很重要的意义，这部法律对突发事件的新闻发布工作作了法律上的明确规定。《中华人民共和国突发事件应对法》（以下简称《突发事件应对法》）从 2007 年 11 月 1 日起正式施行。

《突发事件应对法》规定"履行统一领导职责或者组织处置突发事件的人民政府，应当按照有关规定统一、准确、及时发布有关突发事件事态发展和应急处置工作的信息。""迟报、谎报、瞒报、漏报有关突发事件的信息，或者通报、报送、公布虚假信息，造成后果。""'未按规定及时发布突发事件警报、采取预警期的措施，导致损害发生'根据情节对直接负责的主管人员和其他直接责任人员依法给予处分。"

《突发事件应对法》明确指出政府在应急管理中的责任包括"公开应急管理信息，保证公众知情权"，当国家发布三级、四级警报，宣布进入预警期后，县级以上地方各级人民政府应定时向社会发布与公众有关的突发事件预测信息和分析评估结果；及时按照有关规定向社会发布可能受到突发事件危害的警告。

《突发事件应对法》和《政府信息公开条例》有力地推动着我国政府新闻发布工作走上法律化、制度化、程序化的轨道。此后，重大政策的权威发布和突发事件的新闻发布工作进一步得到规范。

《突发事件应对法》和《政府信息公开条例》实施后不久，2008年5月12日，四川汶川发生特大地震灾害，中央媒体迅速开通24小时直播节目，将灾区的信息、中央的决策信息第一时间发布给全国乃至全世界。

2008年10月16日，中办、国办联合印发《突发公共事件新闻报道应急办法》，对突发公共事件新闻报道作出细化要求，要求"把应急信息发布和新闻报道工作纳入突发公共事件处置总体部署，坚持事件处置与新闻报道工作同步安排、同步推进，积极主动做好信息公开和舆论引导工作"。

该办法还要求各地各部门严格遵守《中华人民共和国突发事件应对法》《中华人民共和国保守国家秘密法》《中华人民共和国政府信息公开条例》等有关法律法规，按照《国家突发公共事件总体应急预案》的要求，依法开展突发公共事件信息发布和新闻报道，做到科学、依法、有效管理，促进工作的规范化、制度化、法制化。不仅要"第一时间发布权威信息，及时准确、客观全面报道突发公共事件动态及处置进程"，对于突发公共事件，除涉及国家安全和国家秘密外，还要"按照公开透明的原则，及时准确地发布信息，开放有序地组织采访，切实做好媒体服务引导工作"。

（七）政务新媒体成为信息公开和新闻发布新平台

"非典"过后，网络以及政务新媒体逐步成为信息公开和新闻发布新的平台。2009年4月29日，上海市人民政府新闻办公室网站正式上线，这是全国第一家开通的省级政府新闻办网站。

2009 年 11 月，南京设立网络新闻发言人制度，云南也首次召开网络新闻发布会，广东、贵州、河南、四川等地"网络新闻发言人"也纷纷亮相。

自 2010 年开始，以微博为代表的自媒体和社交媒体的崛起促使我国政府新闻工作更加重视网络舆情和政务舆情的回应。

2011 年，以微博为媒介的舆情事件促使我国的新闻发布机构和新闻发言人更加注重舆情监测和舆情回应，更加注重通过新媒体和自媒体在网上发声。

2011 年 11 月 17 日，北京市政府新闻办主办的"北京微博发布厅"正式上线，并独家落户新浪。"北京微博发布厅"将城市所有政府微博整合，在微博页面中进行集中展示。

2011 年 9 月 27 日，上海地铁 10 号线追尾事故后，市领导发现微博信息比市委办公厅报送的信息快，这就直接催生了上海发布政务新媒体的问世。上海市人民政府新闻办公室实名认证的政务微博"上海发布"于 2011 年 11 月 28 日在新浪网、腾讯网、东方网、新民网同时上线。[①]

截至 2017 年 7 月，"上海发布"在腾讯微信上开设的公众账号目前拥有 325 万用户，日均阅读量超过 130 万次，影响力位居全国省区市政务新媒体第一。"上海发布"微信能吸引用户的关键在于服务，它们把许多服务功能聚合到微信上，方便市民在移动终端上查询。比如查询天气、交通违章、个人所得税、医疗保险、养老保险、公交车到站时间等，每天平均用户访问超过 60 万次。服务不仅为"上海发布"赢得了用户，更为政府赢得了信任，使"上海发布"成为上海市政府的第一信息发布渠道。同时，"上海发布"微博、微信上的每条信息都有大量用户留言，极大方便了政府与民众及时沟通。[②]

---

① 《上海市政府新闻办实名政务微博"上海发布"开通》，中国政府网，https：//www.gov.cn/jrzg/2011－11/28/content_2005034.htm。

② 徐威：《服务市民 增进互动——上海的政府信息发布与城市治理》，国务院新闻办公室网站，2017 年 7 月 18 日。

2013 年 4 月 20 日，四川芦山地震震中地带，地震导致通讯中断，微信成为政府发布信息的主要媒介。

三、2012～2024 年：推动新闻发布制度化被列入全面深化改革任务清单

（一）十八大报告提出完善党务公开、政务公开、司法公开和各领域办事公开制度

在中国共产党第十八次党代会上，胡锦涛代表十七届中央委员会向大会作了题为《坚定不移沿着中国特色社会主义道路前进为全面建成小康社会而奋斗》的报告，报告中提到，要"扩大有序参与、推进信息公开、加强议事协商、强化权力监督为重点，拓宽范围和途径，丰富内容和形式，保障人民享有更多更切实的民主权利。……推进权力运行公开化、规范化，完善党务公开、政务公开、司法公开和各领域办事公开制度"，并且要"加强党内监督、民主监督、法律监督、舆论监督，让人民监督权力，让权力在阳光下运行"。

十八大报告专辟"政治体制改革"一章，对"健全社会主义协商民主"作了整体部署。协商民主成功的要素至少应包括主体、内容、程序和目标四个方面。概括而言，就是主体平等、内容重大、程序公开、实现善治。在我国的协商民主制度建设和发展中，必须强调协商民主应当尽可能在公开透明的环境下进行。党际协商、界别协商、机构协商，除了涉及重大国家机密议题之外，应当尽可能让媒体公开报道，甚至是现场直播。健全社会主义协商民主也对我国新闻发布制度建设提出了全新的更高的要求。十八大报告中的这些重要论述，也为我国新闻发布工作和新闻发布制度的进一步发展提出了新的要求。

2012 年 8 月 14 日，中组部召开十八大代表选举工作新闻发布会。这

是中共首次通过新闻发布会向境内外媒体介绍代表选举工作情况，新华社、美联社等 73 家中外媒体 130 名记者到会现场报道。发布会上，中组部副部长王京清、秘书长兼新闻发言人邓声明介绍了十八大代表选举工作有关情况并回答记者提问，详细解读了十八大代表经基层党支部提名，逐级酝酿、层层遴选的民主选举过程，介绍了代表结构和分布情况。①

2012 年 11 月 9 日，根据中央统一安排，在十八大新闻中心，中组部副部长王京清同志出席记者招待会，向境内外媒体介绍了十七大以来党的建设总体情况，并围绕十八大对党建和组织工作提出新要求回答了中外记者提问。这场记者招待会受到境内外媒体的高度关注，共有 290 多名中外记者参加。②

2012 年 11 月 12 日，为充分展现代表风采、展现组织工作开明开放形象，中组部协助十八大新闻中心邀请巨晓林等四位基层一线代表接受集体采访。在此之前，中组部与中央外宣办、相关省区市党委组织部密切联系，③ 从外宣材料、答问口径、采访细节等各方面作了细致谋划，确保了采访活动圆满成功。

2012 年 11 月 20 日，中央对外联络部召开"十八大精神专题吹风会"，中组部副部长王京清同志应邀出席，向各国驻华高级外交官解读十八大精神并现场答问交流。吹风会上，王京清针对各国驻华使节关心的问题耐心解答，展示了中国共产党组织工作透明务实的良好形象。④

2013 年 8 月 19 日，习近平同志在"8·19"讲话中提出改进新闻宣传

---

① 《中央组织部负责人详解十八大代表选举》，共产党员网，https：//www. 12371. cn/2012/08/14/ARTI1344959496864630. shtml。

② 《十八大新闻中心举行招待会　王京清介绍党建工作》，中国政府网，https：//www. gov. cn/jrzg/2012 – 11/10/content_2261517. htm。

③ 《"党组织建设与新形势新任务"集体采访》，共产党员网，https：//www. 12371. cn/special/18cpcnc/zhibo/jtcf1112/。

④ 《中联部面向外国驻华使节举办党的十八大精神专题吹风会》，中国共产党新闻网，http：//cpc. people. com. cn/n/2012/1120/c164113 – 19640488. html。

工作的新思路——"因势而谋、应势而动、顺势而为",这也是对新闻发布工作开展制度、实践层面的创新作出的一个重要指示。①

2013 年 9 月 18 日,时任国务院总理李克强主持研究部署进一步加强政府信息公开工作的国务院常务会议,会议提出了"要完善政府部门新闻发言人制度,使之成为政务信息公开的重要制度安排。各地区各部门要采取多种形式,加强新闻发布"。②

2013 年 10 月 1 日,中办、国办联合发布《关于进一步加强政府信息公开回应社会关切提升政府公信力的意见》。这个意见提出:"建立重要政府信息及热点问题定期有序发布机制,让政府信息发布成为制度性安排。""加强政府信息上网发布工作。着力建设基于新媒体的政务信息发布和与公众互动交流新渠道。""健全舆情收集和回应机制,有关主管部门要进一步加大网络舆情监测工作力度,重要舆情形成监测报告。""统筹运用新闻发言人、政府网站、政务微博微信等发布信息。""建立重大政务舆情会商联席会议制度,建立政务信息发布和舆情处置联动机制。"意见还提出要"进一步加强新闻发言人制度建设。要以主动做好重要政策法规解读、妥善回应公众质疑、及时澄清不实传言、权威发布重大突发事件信息为重点,切实加强政府新闻发言人制度建设,提升新闻发言人的履职能力,完善新闻发言人工作各项流程,建立重要政府信息及热点问题定期有序发布机制,让政府信息发布成为制度性安排"。

该意见是指导新闻发布工作一个极为重要的文本,是这一代中央领导集体推动新闻发布制度化建设的一个重要文本。这个文件确立了国务院新闻办新闻发布平台的权威性,明文提出把国务院新闻办公室新闻发布厅建设成中央政府信息发布的主要场所。根据这个文件的要求,国务院决定授

① 《浅谈新媒体环境下的网络新闻直播》,人民网,http://media.people.com.cn/n1/2017/0605/c412723-29316803-2.html。

② 《李克强主持召开国务院常务会议》,中国政府网,https://www.gov.cn/guowuyuan/2013-09/18/content_2591078.htm。

权国务院常务会议的发布要由国新办来承担，这就使国务院新闻办公室的重要性又有了新的提升。

（二）十八届三中全会提出"推动新闻发布制度化"

2013 年 11 月 9 日至 12 日，党的十八届三中全会在北京召开，全会提出："全面深化改革的总目标是完善和发展中国特色社会主义制度，推进国家治理体系和治理能力现代化。"十八届三中全会通过的《中共中央关于全面深化改革若干重大问题的决定》要求"推动新闻发布制度化"，并将"推动新闻发布制度化"列入全面深化改革的任务清单，中国新闻发布制度建设开始向建设制度体系的纵深推进。

按照社会学理论，制度化指群体和组织的社会生活从特殊的不同方式向被普遍认可的固定化模式的转化过程。制度化是人类的社会形式普遍被制约及社会规范逐渐内在化的过程，也是群体组织发展和成熟的过程。它包括两方面的含义，一是制度体系的建立和完备；二是法律规范内在化的程度。制度化的具体过程包括三个方面的内容：一是共同价值观念的确立；二是规范的制定；三是相关机构的建立和健全。因此，"新闻发布制度化"应包括被新闻发言人普遍认可并自觉遵循的价值观；与新闻发布和新闻发言人有关的制度规范的制定；保障新闻发言人制度的组织体系和运作机制。

中央提出"推动新闻发布制度化"的深化改革要求后，有关职能部门立即着手部署落实。2014 年 4 月，中办、国办联合发布《关于建立健全信息发布和政策解读机制的意见》，要求加强新闻发布制度建设，提升新闻发言人履职能力，规范新闻发布工作各项流程。要健全舆情收集和研判机制，把问题化解在萌芽状态。建立信息联席会商协商机制，加强与新闻宣传部门的联系沟通，共同研究做好信息发布和政策解读工作。要推动政策解读常态化、规范化并主动回应公众关切。要把政策水平高、专业能力强的领导同志配置到新闻发布岗位并及时向社会公布，有条件的单位可设立专职新闻发言人。要确保新闻发言人列席重要会议、阅读重要文件、参与重大事件处置，了解全面情况、掌握重要信息。要把提高党政机关领导干部特别是主要负责同志媒介素养、新闻传播理论和舆论引导能力纳入干部培训计划，把党务政务信息公开工作作为公务员培训的重要内容。

在新的形势下，新闻舆论工作已经不只是宣传部门一家在负责，也不只是媒体在从事，而是几乎所有的党政部门，以及党政部门的领导，加上所有部门的新闻发言人都有责任都有义务参与做好新闻舆论工作，每个部门、每个公职人员都可能是新闻宣传的信息源，都可能对整个舆论的形成和发展发挥重要的作用，而各级各类新闻发言人有责任有义务进一步做好新闻舆论和新闻发布工作。

权力部门有必要在每一次重大决策前认真听取民意、吸纳民意，因此适时召开政策吹风会或媒体吹风会，让新闻媒体将正在酝酿中的政策提前透露给民众，吸引民众参与讨论，了解民意对某项政策的意见和接受程度，就成为决策部门必须走的一道程序。正是在这样的背景下，国务院政策例行吹风会应运而生。

2015年1月16日开始，国务院新闻办首次举办国务院政策例行吹风会。每周五上午10点举行，除因节假日等特殊情况外都坚持。吹风会主要解读国务院重要会议、重大部署和政策的出台，介绍中国的经济社会发展情况。①

2015年4月23日，中宣部发布《关于规范重特大事故信息发布工作的意见》要求突发事件的事件处置部门应在事件发生后第一时间向社会发布时间信息，原则上不超过1小时，5小时内要有权威发布。造成重大人员伤亡或社会影响较大的，应在24小时内召开新闻发布会，并视情况连续召开，在事件处置过程中注意向社会及时连续发布信息。

从2015年开始，全国两会新闻中心在人民大会堂内的一条后来被称为

---

① 《国务院政策例行吹风会》，中国政府网，https：//www.gov.cn/zhuanti/2015gwycfh/。

"部长通道"的百米长通道上专门设立集中采访区，这就是推动国务院各组成部门的一把手主动担当所在部门的"第一新闻发言人"、以实际行动落实"推动新闻发布制度化"的一项成功举措。

2016年全国"两会"上，"部长通道"成了新闻发布的"黄金通道"，34位部长、41人次在这里接受采访。面对记者的"长枪短炮"，部长们不再拱拱手、一走了之，而是敏感问题不回避、热点问题不含糊，直截了当地回答问题。不只是各部门各地方的不少"一把手"主动担纲"第一新闻发言人"。[①] 2018年全国两会又增添了"代表通道"和"委员通道"。人民大会堂这条百米通道成为了"两会"上的一道靓丽风景，折射出新时代中国新闻发布工作的新面貌、新气象。

2013年，经中央军委批准，中国人民解放军分别在总政治部、总后勤部、总装备部和海军、空军、第二炮兵、武警部队7个大单位设立了军事新闻发言人。这是继2007年设立国防部新闻发言人制度，2008年举行首场军队新闻发布会，2011年建立国防部例行记者会制度之后的又一个标志性事件，标志着中国建立军队新闻发言人制度。这些也是中国军方走向信息更加公开、形象更加透明的表现。[②]

在网络媒体大发展的背景下，国防部于2015年开通"国防部发布"官方微博微信账号，以新媒体为抓手拉住网民、引导舆论：重大信息优先通过官微发布，抢占舆论先机；创新制作H5、动漫、一张图、抖音等网络产品，开展差异化分众化精准化传播；借助网络媒体互动化体验化，变单向灌输为双向互动，提升中国军方新闻发布的亲和力和传播力。[③]

自中央提出"推动新闻发布制度化"的全面深化改革议题后，全国各

---

① 张烁：《在改进中加强，在创新中提高——我国新闻发布走向常态化》，载于《人民日报》2016年4月11日，第4版。

② 《军队7"大单位"新闻发言人出炉》，载于《新京报》2013年11月22日。

③ 吴谦：《以习近平新时代中国特色社会主义思想为指导 推动国防部新闻发布制度建设的实践与思考》，2018中国新闻发言人论坛主旨演讲，2018年11月25日。

地各部门的新闻发布体系建设日趋完善，新闻发布活动日趋常态，新闻发布传播日趋全媒体化，新闻发布水平日趋专业。在新闻发布体系建设方面，地方各省市各个领域的新闻发言人制度渐渐比较全面地铺开。

（三）出现"党政主要领导是第一新闻发言人"表述

2015 年 8 月，中宣部发布《〈关于建立健全信息发布和政策解读机制的意见〉实施细则》、国务院新闻办发布《关于建立"4·2·1"新闻发布模式做好新闻发布工作的通知》，对与宏观经济、民生关系密切和社会关注事项较多的部门提出建立"4·2·1+N"新闻发布模式的"刚性要求"，"4"是指宏观经济、民生关系密切和社会关注事项较多的部门（单位），每季度至少举行一次新闻发布会，每年 4 次；"2"是指这些部门（单位）的负责同志，每半年至少出席新闻发布会一次，每年 2 次；"1"是指这些部门（单位）的主要负责同志，每年至少出席新闻发布会 1 次。

上述文件特别强调：各级党政机关主要负责同志是"第一新闻发言人"，对信息发布负有主要责任；重大政策出台、重大突发事件发生时，主要负责同志要出席新闻发布会介绍情况、发布信息，接受媒体采访。

上述文件进一步规范新闻发言人的权责，要求让新闻发言人进入知情圈、决策圈、行动圈。新闻发言人要能参加重要会议、阅读重要文件，可向本单位主要负责同志建议开展新闻发布活动的时机、内容、形式和人选；突发事件发生后，新闻发言人要参与突发事件处置，能及时到达现场，有效开展工作；为新闻发言人配备必要工作团队，进一步完善新闻发言人参与了解重大决策的工作机制。中宣部、国新办还在当年年底第一次对 2015 年度全国新闻发布工作情况进行了评估考核。

2016 年 2 月 17 日，中办、国办联合发布《关于全面推进政务公开工作的意见》，要求各地各部门要充分利用新闻发布会和政策吹风会进行政策解读，领导干部要带头宣讲政策，特别是遇有重大突发事件、重要社会关切等，主要负责人要带头接受媒体采访，表明立场态度，发出权威声音，当好"第一新闻发言人"。

（四）习近平总书记为新闻发布制度建设指明方向

2016年2月19日，习近平总书记主持召开党的新闻舆论工作座谈会并发表重要讲话，强调党的新闻舆论工作是"治国理政、定国安邦的大事"，要适应国内外形势发展，从党的工作全局出发把握定位，坚持党的领导，坚持正确政治方向，坚持以人民为中心的工作导向，尊重新闻传播规律，创新方法手段，切实提高党的新闻舆论传播力、引导力、影响力、公信力。①

习近平指出，在新的时代条件下，党的新闻舆论工作的职责和使命是：高举旗帜、引领导向，围绕中心、服务大局，团结人民、鼓舞士气，成风化人、凝心聚力，澄清谬误、明辨是非，联接中外、沟通世界。②习近平总书记"2·19"讲话为推动新闻发布制度化建设指明了更加清晰的努力方向。习近平总书记"2·19"讲话后，中央连续出台多个文件都涉及利用新闻发布做好政务舆情的引导工作，以及利用政策解读做好负面舆情的预防工作。

另外，建立新闻发布容错纠错机制显得越来越必要。

2016年3月28日，时任中央政治局委员、中央宣传部部长的刘奇葆在全国新闻发言人培训班上说，新闻发布工作是党的新闻舆论工作的重要组成部分，做好新闻发布工作对提升国家治理体系和治理能力现代化，提升党和国家公信力，讲好中国故事的作用十分重大。针对新闻发言人担心"言多必失"、偏向"爱惜羽毛"的问题，刘奇葆说："只要大原则不错，多说几句、少说几句没关系，就是说错几句天也塌不下来，及时纠正就可以了，各级领导干部要有这样的肚量，媒体要给予更多的理解宽容。""新

---

①② 《习近平在党的新闻舆论工作座谈会上强调：坚持正确方向创新方法手段 提高新闻舆论传播力引导力》，中国共产党新闻网，http://dangjian.people.com.cn/GB/n1/2016/0222/c117092-28138907.html。

闻发言人在潮头起舞，要不怕打湿羽毛，需要时能站出来、冲上去。"

2016 年 8 月 12 日，国务院办公厅发布《关于在政务公开工作中进一步做好政务舆情回应的通知》，提出近年来舆情事件频发多发，加强政务公开、做好政务舆情回应日益成为政府提升治理能力的内在要求。

通知要求"进一步明确政务舆情回应责任。各级政府及其部门要高度重视政务舆情回应工作，切实增强舆情意识，建立健全政务舆情的监测、研判、回应机制，落实回应责任，避免反应迟缓、被动应对现象。对特别重大的政务舆情，本级政府主要负责同志要切实负起领导责任，指导、协调、督促相关部门做好舆情回应工作"。

通知明确各地区各部门需重点回应的政务舆情是："对政府及其部门重大政策措施存在误解误读的、涉及公众切身利益且产生较大影响的、涉及民生领域严重冲击社会道德底线的、涉及突发事件处置和自然灾害应对的、上级政府要求下级政府主动回应的政务舆情等。"通知还明确了政务舆情回应的时效：对涉及特别重大、重大突发事件的政务舆情，"最迟应在 24 小时内举行新闻发布会，对其他政务舆情应在 48 小时内予以回应，并根据工作进展情况，持续发布权威信息"。

近年来的很多案例表明，有一类政务舆情是官方对新颁布的政策法规的权威解读不够及时不够到位导致的，因此强化政策的及时解读和权威解读显得越来越必要。

2016 年 11 月 15 日，国务院办公厅发布《〈关于全面推进政务公开工作的意见〉实施细则》，要求在国务院发布重大政策后，国务院相关部门要进行权威解读，新华社进行权威发布，各中央新闻媒体转发。部门主要负责人是"第一解读人和责任人"，要敢于担当，通过发表讲话、撰写文章、接受访谈、参加发布会等多种方式，带头解读政策，传递权威信息。

该实施细则同时规定国务院政策例行吹风会是解读重大政策的重要平台，各部门主要负责人要积极参加。遇有重大突发事件和重要社会关切，相关部门主要负责人要及时主动参加吹风会，表明立场态度，发出权威声音。各地区各部门要按照"谁起草、谁解读"的原则，做好政策解读工作。文件公布前，要做好政策吹风解读和预期引导；文件公布时，相关解读材料应与文件同步在政府网站和媒体发布；文件执行过程中，要密切跟踪舆情，分段、多次、持续开展解读，及时解疑释惑，不断增强主动性、针对性和时效性。

（五）走进新时代的新闻发布制度正在加速构建制度体系嵌入国家治理体系

2017年10月18日，中国共产党第十九次全国代表大会在北京召开，大会的主题是：不忘初心，牢记使命，高举中国特色社会主义伟大旗帜，决胜全面建成小康社会，夺取新时代中国特色社会主义伟大胜利，为实现中华民族伟大复兴的中国梦不懈奋斗。习近平总书记在大会上作了题为《决胜全面建成小康社会　夺取新时代中国特色社会主义伟大胜利》的报告。

在加强党的建设推进党务公开方面，报告提出要"扩大党内基层民主，推进党务公开，畅通党员参与党内事务、监督党的组织和干部、向上级党组织提出意见和建议的渠道"。报告认为加强舆论监督是全面从严治党的一项重要工作，报告提出要"构建党统一指挥、全面覆盖、权威高效的监督体系，把党内监督同国家机关监督、民主监督、司法监督、群众监督、舆论监督贯通起来，增强监督合力"。

在宣传文化方面，报告提出要"坚持正确舆论导向，高度重视传播手段建设和创新，提高新闻舆论传播力、引导力、影响力、公信力。""推进国际传播能力建设，讲好中国故事，展现真实、立体、全面的中国，提高国家文化软实力。"十九大报告为进一步推动党务公开，加强舆论监督提供了价值导向和精神指引。

2017年11月30日，中共中央政治局召开会议审议通过了《中国共产党党务公开条例（试行）》，条例规定，"中央办公厅承担党中央党务公开的具体工作，负责统筹协调和督促指导整个党务公开工作。""党的组织应当根据所承担的职责任务，建立健全党务公开的保密审查、风险评估、信息发布、政策解读、舆论引导、舆情分析、应急处置等工作机制。"

从十九大前后党和国家推动各领域信息公开的举措来看，凡是涉及国家发展和公众利益的几乎所有重要领域，都有越来越透明公开的趋势，这就使得重大建设项目的相关信息的透明化越来越无法回避。近年来的很多案例表明，公众对一些重大建设项目的批准和实施非常关心，因此推进重大建设项目批准和实施领域政府信息公开显得越来越必要。

2017 年 12 月 4 日，国务院办公厅公开发布《关于推进重大建设项目批准和实施领域政府信息公开的意见》要求除涉及国家秘密、商业秘密和个人隐私及其他依法不予公开的内容外，重大建设项目批准和实施过程中的信息要尽可能对外公开，以公开提升项目批准、实施的透明度和效率，保障人民群众合法权益。

意见提出，要以重大建设项目批准和实施过程中社会关注度高的信息为重点，以政府信息公开为先导，推动项目法人单位信息有效归集、及时公开。重大建设项目批准和实施过程中，各级政府和有关部门负责公开其在履行职责过程中制作或保存的信息，并依法监督项目法人单位公开项目信息。法律、法规、规章未作出明确规定的，鼓励项目法人单位主动公开项目信息。重点公开批准服务信息、批准结果信息、招标投标信息、征收土地信息、重大设计变更信息、施工有关信息、质量安全监督信息、竣工有关信息等 8 类信息。各有关部门每年应将本部门工作进展情况报同级政务公开主管部门，并在政府信息公开工作年度报告中公布，接受社会公众、新闻媒体的监督。

政务新媒体是移动互联网时代党和政府联系群众、服务群众、凝聚群众的重要渠道，是加快转变政府职能、建设服务型政府的重要手段，是引导网上舆论、构建清朗网络空间的重要阵地，是探索社会治理新模式、提高社会治理能力的重要途径。

十八大以来，各地区、各部门认真践行网上群众路线，积极运用政务新媒体推进政务公开、优化政务服务、凝聚社会共识、创新社会治理，取得了较好成效。但同时一些政务新媒体还存在功能定位不清晰、信息发布不严谨、建设运维不规范、监督管理不到位等突出问题，政务新媒体"不互动无服务"等现象时有发生，对政府形象和公信力造成不良影响。

为推动政务新媒体健康有序发展，2018 年 12 月 27 日，国务院办公厅发布了《国务院办公厅关于推进政务新媒体健康有序发展的意见》，要求各地区各部门认真落实党中央、国务院关于全面推进政务公开和优化政务服务的决策部署，实施网络强国战略，落实网络意识形态责任制，大力推进政务新媒体工作，明确功能定位，加强统筹规划，完善体制机制，规范运营管理，持续提升政府网上履职能力，切实解决有平台无运营、有账号无监管、有发布无审核等问题，优化用户体验，提升服务水平，增强群众获得感，努力建设利企便民、亮点纷呈、人民满意的"指尖上的网上政府"，到 2022 年，建成以中国政府网政务新媒体为龙头，整体协同、响应迅速的政务新媒体矩阵体系。

在新时代，随着改革的深入和信息化的快速发展，2008 年 5 月 1 日起正式施行的《政府信息公开条例》也面临必须修订的局面。此前的条例对于保障人民群众依法获取政府信息，促进政府职能转变、建设法治政府都发挥了积极作用。但是条例在实施中也遇到一些新情况新问题：一是人民群众参与公共决策、关心维护自身权益的积极性增强，对政府信息公开的广度、深度提出了更高要求，但有的行政机关存在公开内容不够全面准确，公开深度不能满足群众需要的问题；二是依申请公开制度实施中遇到一些问题，有的申请人向行政机关反复、大量提出信息公开申请，或者要求为其搜集、整理、加工政府信息，占用了大量行政资源，影响政府信息公开工作的正常开展；三是由于制定条例时我国政府信息公开工作刚刚起步，尚处于探索阶段，有些制度规定比较原则，实践中容易引发争议。为了解决上述问题，需要对现行条例进行修订。

2019 年 4 月 3 日，为贯彻落实党中央、国务院全面推进政务公开的精神，国务院修订《中华人民共和国政府信息公开条例》，修订后的《中华人民共和国政府信息公开条例》自 2019 年 5 月 15 日起施行。

此次修订加大了政府信息公开的力度，既在公开数量上有所提升，也在公开质量上有所优化，体现近年来政府信息公开工作的新进展、新成果，解决实践中遇到的突出问题。此次修订主要包括三个方面内容：一是坚持公开为常态，不公开为例外，明确政府信息公开的范围，不断扩大主动公开。二是完善依申请公开程序，切实保障申请人及相关各方的合法权益，同时对少数申请人不当行使申请权，影响政府信息公开工作正常开展的行为作出必要规范。三是强化便民服务要求，通过加强信息化手段的运用，增加政府信息公开数量，提高政府信息公开质量，提高政府信息公开实效，切实发挥政府信息对人民群众生产、生活和经济社会活动的服务作用。

修订后的条例删去了现行条例第十三条关于公民、法人或者其他组织申请获取相关政府信息需"根据自身生产、生活、科研等特殊需要"的条件，这是由于在条例的实施过程中，对于"自身生产、生活、科研等特殊需要"如何把握，有关方面存在不同的理解，容易引发争议，取消这一规定体现了国家建设阳光透明法治政府的决心和方向。

2019 年 4 月 19 日，习近平总书记主持召开中央政治局会议审议通过《中国共产党宣传工作条例》，2019 年 6 月 29 日中共中央印发了《中国共产党宣传工作条例》，并发出通知。通知指出，宣传工作是党的一项极端重要的工作，是中国共产党领导人民不断夺取革命、建设、改革胜利的优良传统和政治优势。

制定颁布《中国共产党宣传工作条例》，体现了党中央对宣传工作的高度重视，标志着宣传工作科学化规范化制度化建设迈上新的台阶。条例共 13 章 53 条，大致分为三个板块。第一板块包括总则、组织领导和职责两章，主要是目的依据、定位作用、指导思想、根本任务、工作原则，以及机构设置、党委和党委宣传部职责等管总的内容。第二板块是第三章到第十一章，规定了宣传领域各方面工作，包括理论、新闻舆论和出版、思想道德建设、文化文艺、互联网宣传和信息内容管理、对外宣传、基层宣传工作、意识形态管理、加强党对宣传工作的全面领导等。第三板块包括保障和监督、附则两章，主要是机制保障、经费保障、表彰激励、调研舆情和信息化保障、法治保障、监督检查、责任追究等规定。

《中国共产党宣传工作条例》规定了党委在宣传工作方面的 7 项主要职责：一是贯彻落实党中央和上级党委关于宣传工作的决策部署以及指示精神，指导和督促检查下级党组织做好宣传工作；二是定期研究部署宣传工作重要工作和重大事项，每年向党中央或者上一级党委报告宣传工作情况；三是研究制定宣传工作的重要政策，按照权限制定宣传工作相关党内法规和规范性文件，推动制定宣传工作相关法律法规，并组织实施；四是牢牢掌握意识形态工作领导权，落实意识形态工作责任制；五是统筹社会主义精神文明建设和文化建设；六是领导宣传部门做好宣传工作，选优配强宣传系统领导班子和主要负责人，加强宣传干部、人才队伍建设；七是领导同级人大、政府、政协、法院、检察院、人民团体、企事业单位等做好本部门本单位本领域宣传工作。

《中国共产党宣传工作条例》规定了党委宣传部的 16 项工作职责：（一）贯彻落实党对宣传工作的方针政策和决策部署，拟订宣传工作重要政策和事业发展规划；（二）统筹协调意识形态工作，组织协调意识形态工作责任制落实情况日常监督检查，结合巡视巡察工作开展专项检查；（三）指导协调理论研究、学习、宣传工作；（四）统筹分析研判和引导社会舆论，指导协调新闻单位工作，协调开展新闻发布工作；（五）管理新闻出版和电影工作，统筹指导广播电视工作，组织指导"扫黄打非"工作；（六）统筹指导社会主义核心价值观建设，组织指导思想道德建设和思想政治工作，推进群众性精神文明创建；（七）统筹协调精神文化产品创作和生产，协调组织中华优秀传统文化传承发展的有关工作，指导协调推动群众文化建设；（八）指导协调文化体制改革和文化事业、文化产业以及旅游业发展，指导协调国有文化资产监管工作；（九）宏观指导互联网宣传和信息内容建设管理工作，统筹协调新媒体建设与管理；（十）统筹开展对外宣传工作，指导对外文化交流合作工作，协调推动中华文化走出去工作，协调人权宣传工作；（十一）协调推进宣传领域法治建设；（十二）统筹指导舆情信息工作；（十三）负责宣传工作的内容建设和口径管理；（十四）按照干部管理权限负责宣传系统领导班子和干部、人才队伍建设管理；（十五）指导下级党委宣传工作；（十六）完成同级党委和上级党委宣传部交办的其他任务。

《中国共产党宣传工作条例》中有关信息公开和新闻发布的规定对指导协调新闻发布工作、做好互联网宣传和信息内容建设、统筹协调新媒体建设与管理、协调推动中华文化走出去以及统筹指导舆情信息工作产生了积极作用，也会对进一步推动我国的信息公开立法和新闻发布制度化建设产生积极影响。

2020年10月30日上午，中共中央举行新闻发布会，介绍和解读中共十九届五中全会精神，并解读了《中共中央关于制定国民经济和社会发展第十四个五年规划和二〇三五年远景目标的建议》。中央宣传部副部长、国务院新闻办公室主任徐麟说，建立中共中央新闻发布制度，是在中国特色社会主义进入新时代的历史条件下，适应形势发展和时代要求，坚持和加强党的全面领导、提高党的治国理政能力的重要制度安排和制度创新。建立中共中央新闻发布制度，也是对《中国共产党宣传工作条例》的具体贯彻实施。

中共中央新闻发布制度的建立，也表明中国共产党的党务公开工作开始在更高层级和更深层面上不断进行深化和完善，也必将为我党不断探索以制度化方式坚持和加强党的全面领导，努力提高党的治国理政能力，为实现"两个一百年"奋斗目标和中华民族伟大复兴的中国梦提供必不可少无可替代的制度支撑。

在中共中央新闻发布制度建立后，很多地方的党委也开始设立由省部级领导担任的党委新闻发言人，如重庆市委在党的十九届五中全会后的2020年12月，明确了两名省部级领导干部担任重庆市委新闻发言人。

2020年，突如其来的新冠疫情是对中国当代新闻发布制度的一次大考。2020年，全国新闻发布工作围绕的重点之一是疫情防控工作。围绕疫情防控，国务院新闻办、国务院联防联控机制、各地区举行1564场新闻发布会。外交部、国防部、国家发展改革委等46个部门和湖北省负责同志，以及多个地区一线抗疫代表积极参加国务院新闻办和国务院联防联控机制举办的发布会。北京、天津、山西、内蒙古等30个省（区、市）围绕疫情防控举行新闻发布会。整体上看，许多部门和地方的政府新闻发布活动次数创下了历史新高。①

2020年，在新冠疫情防控背景下，国新办发布了多项创新举措，如首次离京举办发布会、首次实现两地同步联动、多次邀请草根走上"国字头"发布平台等。此外，国务院联防联控机制新闻发布会的创立也为我国当下的新闻发布制度建设注入了新的创新元素。

2020年，新闻发布活动运用的新媒体手段也更加丰富多样。以全国"两会"新闻发布工作中的远程新闻发布会为代表，为了确保新闻发布会现场人员保持安全距离，现场记者人数减少，发布会现场使用5G信号，数百名记者可以同时在线提问，媒体可以通过高清信号进行传播。

2021年8月20日，第十三届全国人民代表大会常务委员会第三十次会议通过《中华人民共和国个人信息保护法》，自2021年11月1日起施行。《个人信息保护法》对新闻报道中处理个人信息的原则作出了明确规定。依照该法规定，处理个人信息应当取得个人同意，但是，"为应对突发公共卫生事件，或者紧急情况下为保护自然人的生命健康和财产安全所

---

① 《新闻发布工作呈现新亮点取得新成效》，人民网，http://politics.people.com.cn/n1/2021/0428/c1001-32090033.html。

必需","为公共利益实施新闻报道、舆论监督等行为，在合理的范围内处理个人信息"，不需取得个人同意。

在新闻发布制度不断发展完善和新闻发布实践不断丰富普及的同时，以国务院新闻办公室为牵头部门，官方和学术界也不断对新闻发布制度建设、新闻发言人的成长和新闻发布实践活动予以回顾、反思和总结。

2016 年 11 月 5 日，由国务院新闻办公室和中国浦东干部学院主办的首届中国新闻发言人论坛在上海举行，近百名政府职能部门和中央企业新闻发言人、专家学者、媒体负责人参加，围绕"讲好中国故事，做好新闻发言人"展开深入研讨。除了政府部门和中央企业新闻发言人做了主旨演讲，在论坛中，与会人员还围绕新媒体环境下的新闻发布、突发事件热点问题的舆论引导、"走出去"过程中的国家形象塑造等问题进行了研究和讨论。①

2018 年 11 月 25 日，由国务院新闻办公室主办、北京大学国家战略传播研究院承办的"2018 中国新闻发言人论坛"在北京大学举行。中央有关部门及部分地方和中央企业的新闻发言人、中央媒体负责人、新闻传播领域专家学者等百余人出席论坛。与会人员就"新时代中国特色新闻发布制度发展与创新"进行了深入交流与讨论。中宣部副部长、国务院新闻办主任徐麟在论坛上表示，中国的新闻发布是伴随着改革开放逐步发展起来的。四十年来，新闻发布坚持以人为本、公开透明，成为党和政府与人民群众沟通的重要桥梁；新闻发布坚持连接中外、沟通世界，成为展示中国形象的重要窗口；新闻发言人队伍历经锻炼、成长壮大，成为讲好中国故事的坚实力量。徐麟提出，新时代的新闻发布应该做"民情民意的回应者、改革大业的推动者、中国故事的讲述者、传播主流的引领者"。②

---

① 《讲好中国故事　让世界读懂中国——首届中国新闻发言人论坛侧记》，今日中国网，http：//www.chinatoday.com.cn/zw2018/sp/201611/t20161107_800071099.html。

② 《中国新闻发言人论坛：聚焦新时代新闻发布制度发展与创新》，中国政府网，https：//www.gov.cn/xinwen/2018－11/25/content_5343214.htm。

2023 年 5 月 27 日，由国务院新闻办公室、清华大学主办的第三届中国新闻发言人论坛在北京举行。论坛以"提升新闻发布效能　服务党和国家工作大局"为主题，百余名来自中央部门、地方政府的新闻发言人以及部分专家学者、媒体负责人进行了研讨交流。① 论坛认为，党的十八大以来，各地各部门深入贯彻落实党中央决策部署，多层次高频率开展新闻发布，为党和国家事业发展营造了良好舆论氛围。新时代的新闻发布实践启示我们，胸中有大局，新闻发布才能找到坐标找准定位；心中有人民，新闻发布才能汇聚共识凝聚力量；眼中有世界，新闻发布才能讲好中国故事展示中国形象。论坛提出，讲政治是新闻发布工作的"魂"，要牢牢把握正确政治方向，从政治上思考问题、在大局下谋划工作。要加强议题设置，因时因势精准施策，让党和政府声音更好走进千家万户，让世界听清中国声音。要优化全国"一盘棋一张网"发布格局，加强分级分类培训，推动新闻发布工作高质量发展。

---

① 《孙业礼在第三届中国新闻发言人论坛开幕式上的致辞》，中华人民共和国国务院新闻办公室官网，http：//www. scio. gov. cn/gxzt/dtzt/49518/49954/49956/202307/t20230701_719133. html。

第二章

我国新闻发布制度建设
存在的问题和对策建议

第一节　建设专职新闻发言人制度

从 2013 年以来，中国浦东干部学院每年举办两期全国新闻发言人培训班。在教学过程中，笔者通过问卷调查、主持结构化研讨和小组讨论、举办学员论坛等多种方式对学员进行调研，发现了若干对于我国下一步新闻发布制度发展必须要攻克的难题，其中之一就是设置专职新闻发言人的问题。

一、新闻发言人兼职化带来的问题

目前我国几乎所有的公权机构的新闻发言人都是兼职的，新闻发言人还没有被纳入正式的干部编制和公务员职务序列中，没有正式的"名分"。

时至今日，新闻发言人的职能、职责和角色正在悄悄发生变化，而这一变化目前还未获得组织层面和制度层面的充分认可和保障，这就导致新闻发言人承担的责任和享有的权利不能匹配。

　　我国当下涉及新闻发布、信息公开、政务公开和新闻发言人权利义务的各种制度和规定碎片化地散见于中央和地方颁布和印发的各种法律法规和政策文件中。十八届三中全会提出了"推进新闻发布制度化"的深化改革命题，制度化要求制度本身必须体系完整、互相兼容，制度化也必然要求权利、责任、义务对等，要求新闻发言人承担什么样的责任就应该赋予新闻发言人什么样的权利，必须形成制度层面的双向硬约束。根据2011年中央编委颁布的《中央和国家机关部门职责分工协调办法》，"职责，是指法律、行政法规以及部门主要职责、内设机构和人员编制规定赋予部门的职权和相应承担的责任。"应该说，有"职"才有"责"，赋予"职权"才能承担"责任"。新闻发言人的兼职化必然导致其职权的不匹配和责任的不对等。

　　目前很多涉及新闻发布的制度文件只规定了新闻发言人应该履行的职责和义务，却没有规定新闻发言人享有哪些权利和制度保障。

　　目前已经出台的有关新闻发布的政策法规都提出要为新闻发言人配备分工明确、规范高效的专业工作团队。但在具体执行中，由于压缩编制、减少开支等原因，新闻发布工作团队常常无法到位。很多部门没有专职人员或专门处室负责舆情监测、口径协调和新闻发布工作，新闻发布业务往往由非专业处室顶替。

　　新闻发言人不被纳入正式的干部编制和公务员职务序列中、没有正式的"名分"还带来另外一个连带的问题，就是新闻发言人队伍不稳定。因为新闻发言人经常因为正式职务的调整而卸任所兼的新闻发言人角色，换一名新的官员来接手新闻发布工作，这位新的兼职新闻发言人又要重新从头开始摸索学习、又要从零开始参加培训，这就非常不利于新闻发布工作获得稳定的提升。

　　不仅党政机构的兼职新闻发言人制度面临着上述问题，国有企业的兼职新闻发言人也面临着类似的问题。有研究发现，政府部门新闻发言人的升迁和他们在新闻发言人位置上的表现基本无关。这条规则对央企同样适用。①

新闻发言人工作具有很强的专业性和技术性。新闻发言人的设立就是要使政府的信息公开具有人格化和人性化的特质。其根本目的是通过专职人员的专业服务方便公众更好地获取公众主观需要以及公权机构优先推荐的信息。这就要求新闻发言人队伍的专业化，而要实现专业化，专职化是最可靠的保障和动力。只有专职化才能最大程度上推动新闻发言人队伍的专业化。

2014 年 6 月 28 日，中国传媒大学广播电视研究中心和社科文献出版社共同发布《中国国际传播发展报告（2014）》的蓝皮书，该报告以"中国国际传播能力建设"为主题，其中专章探讨了中国新闻发言人制度建立十年来的成绩和问题。

报告认为，中国新闻发言人当前的"兼职状态"甚至已经成为制约新闻发言人制度建设和政府信息公开的最大掣肘，需探索建立新闻发言人资格认证制度，逐步推进政府新闻发言人的专职化。报告还称，目前，中国各级政府的新闻发言人队伍几乎是兼职的，新闻发言人往往由办公厅、宣传司局、政策法规部门的领导，或者部门副职兼任，新闻发布只是其工作职责之一。"在这种情况下，新闻发布工作往往得不到应有的重视，部分新闻发言人对兼职任务感到'可做可不做，能不做就不做'，一些层级较低的政府组织甚至还存在临时指派的'客串'新闻发言人。"②

报告指出，一方面，兼职状态造成新闻发言人队伍的稳定性差，一些有能力、表现出色的领导干部往往被提拔到更高的职位而离开了新闻发言人的岗位；另一方面，一些新闻发言人由于级别不高，无法阅读重要文件，也不了解决策意图、决策过程，很难承担新闻发言人及时、准确发布信息的职责。"兼职状态是中国新闻发言人制度在起步阶段必然要经历的

① 余智梅：《说话的尴尬 央企新闻发言人职业困境调查》，载于《国企》2011 年第 10 期。
② 《报告呼吁新闻发言人专职专业化 摆脱"兼职"状态》，中国新闻网，https://www.chinanews.com/gn/2014/06-28/6329525.shtml。

过渡形式，这种形式与新闻发布工作越来越高的专业化要求之间的矛盾日益突出，甚至已经成为制约新闻发言人制度建设和政府信息公开的最大掣肘。"

报告呼吁，要通过组织化的定编定岗，实现新闻发言人的专职化、专业化。报告建议，专职新闻发言人的选拔任用不仅要经过一般的干部提拔审核流程，更要进行专业能力的考核测试，并且通过正式组织程序进行任免。随着新闻发言人专职化、专业化的推进，建立新闻发言人的"职业规范"也成为题中应有之义，从职能的要求、权利的保障等方面，明确新闻发言人的职责权利，将为新闻发言人制度的发展提供根本的制度保障。[①]

二、只有专职化才能最大程度上推动新闻发言人专业化

一般来说，新闻发言人及其团队需要做的事包括：制定长期传播战略和年度新闻发布规划；跟踪国家大政方针和法律法规的变化走向，搜集相关新闻报道；向上级汇报可能会对工作产生重大影响的新闻报道，建议上级作出何种反应，按照上级的反馈意见拟定新闻发布答问口径；确保内部信息交流渠道的畅通并对内部信息进行汇总；策划和组织各种媒体活动，如新闻发布会、接受媒体的专访和电话问询；与专职报道该领域的记者保持接触；管理部门网站和政务微博微信，制作对外宣传品；安排领导公开活动日程；起草领导的发言稿；陪同领导出席活动；安排领导接受采访；在领导接受采访前彩排；评估媒体对官方新闻发布活动的报道；制定危机传播预案；进行新闻发布业务方面的培训和演练；等等。

这些工作涉及面很广，这就决定了新闻发言人这个岗位需要具备极高专业素质的专业人士才能胜任。毋庸置疑，只有专职化才能更好地保证新

---

① 胡正荣、李继东、姬德强主编：《中国国际传播发展报告（2014）》，社会科学文献出版社2014年版。

闻发言人安心提高专业素养做好新闻发言人本职工作。

以我国中央企业的新闻发言人为例，专业化的要求和兼职化的身份的冲突就显得格外突出。目前兼任央企新闻发言人的人，既受职位权限的限制，又受自身专长的限制，并不一定能够完全胜任发言人的职位，也不一定能够随时应对突如其来的各种状况。他们本身都有自己的本职工作甚至诸多其他职务。央企的发言人与中央政府部门的发言人一样，都属于"官员＋兼职"，短期内可以应付，长远看还要过渡到"专业＋专职"的国际通行模式。①

很多专家学者和兼职新闻发言人都赞成实行新闻发言人职业身份专职化。中国传媒大学教授刘笑盈认为，"中国目前的状况，比较可行还是官员制，但是要求专业化、职业化、稳定性的官员制"②。

2012 年 3 月，全国政协十一届五次会议新闻发言人赵启正在新闻发布会上表示，中国的新闻发言制度已经逐渐普及，新闻发言人也应与时俱进，走向职业化、专职化，少用兼职的岗位。③

2010 年 10 月，时任中共中央宣传部副部长，中央外宣办、国务院新闻办主任王晨提出："要认真挑选政治素质强、政策水平高、具备一定新闻宣传工作经验的同志担任党委新闻发言人，条件成熟的也可设立专职新闻发言人，定时开展例行新闻发布。"④

2013 年 10 月，国务院办公厅印发《关于进一步加强政府信息公开回应社会关切提升政府公信力的意见》，国务院新闻办公室在随后的新闻发布会上表示，在新闻发布工作任务较重的部门和地方，可以逐渐实现新闻发言人专职化，担任新闻发言人要经过正式组织程序进行任免。

2014 年，中办、国办印发《关于建立健全信息发布和政策解读机制的

---

① 余智梅：《说话的尴尬　央企新闻发言人职业困境调查》，载于《国企》2011 年第 10 期。
② 刘笑盈：《新闻发布十年：进展、问题与发展趋势》，载于《对外传播》2013 年第 1 期。
③ 赵启正：《中国新闻发言人应专职化》，新华网，2012 年 3 月 2 日。
④ 刘畅：《外交部发言人将中国声音传向世界》，载于《环球时报》2013 年 12 月 23 日。

意见》，提出要强化新闻发言人队伍建设，要把政策水平高、专业能力强的领导同志配置到新闻发布岗位并及时向社会公布，有条件的单位可设立专职新闻发言人。

在中央有关部门的政策鼓励下，已经有部分国家部委开始尝试设置专职新闻发言人。2013 年 11 月 22 日，中国证监会召开例行新闻发布会，证监会有关部门负责人向媒体通报，证监会通过内部选聘程序，选拔了两名专职新闻发言人，专司新闻信息发布工作。两名发言人将以轮值的工作方式主持证监会的新闻发布工作。证监会在原有不定期新闻发布制度的基础上，建立了每周五固定召开新闻发布会的例行新闻发布制度。此前证监会已成立新闻办公室，下设三个处室，统筹安排新闻信息发布工作。证监会官方微博"证监会发布"也正式开通并运行。

但是笔者认为，证监会的专职新闻发言人只是业务上的专职新闻发言人，而不是职务上的专职新闻发言人，只有中央编办同意设置独立的新闻发言人职务编制，人事部门配套设置新闻发言人公务员职务序列，才是真正彻底的专职新闻发言人。

笔者通过调研，结合个人的研究，提出如下建议：一是要尽快制定《新闻发布工作条例》，把新闻发布制度建设作为推进国家治理体系和治理能力现代化的重要组成部分，尽快完成党中央提出的"推进新闻发布制度化"这一深化改革任务。二是要尽快实行专职新闻发言人制度，机构编制部门应该给新闻发言人设立单独的编制，人事部门应该把新闻发言人纳入正式的公务员职务序列中，让新闻发言人有职业归属感，让新闻发言人不需要调整职务就有晋升空间。另外，要为新闻发言人配备专业的新闻发布工作团队，为新闻发言人提供保障和支持；特别是教育、卫生、司法、应急、环保、市监等新闻发布任务较重的部门，新闻发布工作团队一定要阵容强大、素质专业。此外，还要有计划地加强对新闻发言人和新闻发布团队成员的专业培训。

至于中央企业和国有企业新闻发言人的专职化问题，从长远看，应该把现有央企的宣传部门改组为集战略传播、媒体公关、新闻发布和品牌营销于一身的专业公共关系部门。新闻发言人要成为这个部门的负责人，主持企业的公共关系工作。这样，新闻发言人才能够掌握各方面信息，从而面对媒体记者的提问才能有东西告知大家。未来的央企新闻发言人应该是一个团队的领导者，负责企业的公关事务，包括舆论引导和危机处理，而且这个团队绝不是今天的央企宣传部门。①

总之，随着我国政府信息公开化程度的提高，新闻发言人的业务量会大大增加，其工作的专业化程度也将越来越高。这就从客观上要求新闻发言人从繁忙的行政事务解脱出来，变兼职为专职。因此，新闻发言人需要告别"业余状态"，需要转型为更加专业的专职新闻发言人。

三、设置专职新闻发言人

如果要具体落实新闻发言人专职化，还必须要考虑怎样才能和现有的机构编制管理法规和公务员管理法规的对接。新闻发言人专职化的改革步骤必须契合我国公务员管理机制的大格局，并善于抓住公务员分类改革的时机来推动新闻发言人专职化改革工作。

长期以来，我国公务员均按照综合管理类进行管理，随着经济社会的发展，党和国家各项事业对公务员队伍建设提出了新的要求，需要以深化公务员分类改革为抓手，加强和改进公务员管理工作。2013 年 11 月，党的十八届三中全会明确深化公务员分类改革，要求加快建立专业技术类、行政执法类公务员管理制度。2016 年 4 月 18 日，中央全面深化改革领导小组第 23 次会议审议通过了行政执法类和专业技术类两类公务员管理的暂行办法。

笔者建议，为了推动新闻发言人专职化改革，中央和地方机构编制部

---

① 余智梅：《说话的尴尬　央企新闻发言人职业困境调查》，载于《国企》2011 年第 10 期。

门应在职能配置、机构设置、职责分工、人员编制、领导职数等环节为新闻发言人制度的深化改革出台改革措施，使新闻发言人获得独立的编制。组织人事部门也应出台配套改革措施，如果一个官员担任过专职新闻发言人，应在其干部履历中予以体现。

为新闻发言人设立正式的专门编制，需要中央编办研究拟订新闻发言人管理体制与新闻发布机构改革的总体方案；协调党中央各部门、国务院各部门新闻发言人的职能配置，审核党中央各部门、国务院各部门的新闻发布机构、人员编制和领导职数；审核各级党政群机关新闻发布工作人员编制总额；审核全国人大、全国政协机关及最高人民法院、最高人民检察院机关，各民主党派、人民团体机关的新闻发布机构设置、人员编制和领导职数；研究拟订全国事业单位新闻发布机构改革的方案；等等。

具体来说就是批准中央各部门、国务院各部门和省级机构设立新闻局或新闻发言人办公室，批准全国人大、全国政协机关、最高人民法院、最高人民检察院机关和各民主党派、人民团体机关设立新闻局或新闻发言人办公室，地方编办参照中央编办的政策口径类推实行。

此外，组织人事部门应出台配套改革措施，将新闻发言人这个职务纳入"专业技术类公务员"职务序列。

"专业技术类公务员"是指专门从事专业技术工作，为机关履行职责提供技术支持和保障的公务员，其职责具有强技术性、低替代性。专业技术类公务员成长周期长，培养成本高。对这类公务员，从培养导向上看，应该倾向于将其定位成技术能手和技术专家。基于这些因素，我们考虑在制度的设计上注重使他们能够在专业技术类职位上专注专业发展。同时满足机关对专业性人才的需求，建立符合专业性人才成长规律的吸引、培养、选拔、评价、使用制度。

将新闻发言人纳入专业技术类公务员职务序列可以被认为是贯彻落实中央关于深化公务员分类改革任务的举措，这将进一步健全完善中国特色新闻发言人制度，提高新闻发言人管理效能和科学化水平，有利于解决新闻发言人"不愿干、干不长、干不好"的问题，以及基层公务员被压职压级等问题，使得专职新闻发言人能够凭借在新闻发言人岗位上的出色表现不需要离开新闻发言人工作岗位就能获得职级上的提升和事业上的成就感，从而充分调动各级各类新闻发言人做好新闻发布和新闻舆论工作的积极性，打造一支稳定的高素质专业化新闻发言人队伍，推动国家治理体系和治理能力现代化。

2014 年"两会"期间，时任全国政协外事委员会副主任、国务院新闻办公室原副主任王国庆表示，新闻发言人兼职化是目前制约中国新闻发言人制度建设和政府信息公开的最大掣肘，中国应该推行新闻发言人专职化。根据长期调研，王国庆建议把新闻发言人作为一个新设专业技术岗位，增列在人力资源和社会保障部目前已设的 29 个专业技术岗位序列里，同时党委、政府、社会团体和企业都应该设有新闻发言人岗位。[①]

按照王国庆的建议，可以参考"新闻专业人员（记者）"专业技术职务的名称设置（从初级、中级到高级共有助理记者、记者、主任记者、高级记者），设置"助理新闻发言人（乡科级，初级）""新闻发言人（县处级，中级）""主任新闻发言人（副司局级，高级）""高级新闻发言人（司局级，高级）"四类专业技术职务名称，从而将新闻发言人纳入人力资源和社会保障部的专业技术类职务序列。

2016 年 7 月 14 日，中办国办印发的《专业技术类公务员管理规定（试行）》，对专业技术类和行政执法类公务员分别制定了职位设置、职务升降等方面的规定。两类公务员设置 11 个层次，对应公务员相关级别。其中专业技术类公务员职务从专业技术员到一级总监对应公务员 26 级到 8 级。专业技术类公务员职务与级别对应关系如下：

（一）一级总监：十三级至八级；

---

① 吴姣：《全国政协外事委副主任：大力推行新闻发言人专职化》，载于《中国日报》2014 年 3 月 7 日。

（二）二级总监：十五级至十级；

（三）一级高级主管：十七级至十一级；

（四）二级高级主管：十八级至十二级；

（五）三级高级主管：十九级至十三级；

（六）四级高级主管：二十级至十四级；

（七）一级主管：二十一级至十五级；

（八）二级主管：二十二级至十六级；

（九）三级主管：二十三级至十七级；

（十）四级主管：二十四级至十八级；

（十一）专业技术员：二十六级至十八级。

再往前追溯，2006 年 4 月 9 日，中共中央、国务院向全国印发了《中华人民共和国公务员法》实施方案。根据《中华人民共和国公务员法》实施方案附件三"公务员职务与级别管理规定"第十二条中有关公务员职务与级别管理的规定，公务员领导职务层次与级别的对应关系是：

（一）国家级正职：一级；

（二）国家级副职：四级至二级；

（三）省部级正职：八级至四级；

（四）省部级副职：十级至六级；

（五）厅局级正职：十三级至八级；

（六）厅局级副职：十五级至十级；

（七）县处级正职：十八级至十二级；

（八）县处级副职：二十级至十四级；

（九）乡科级正职：二十二级至十六级；

（十）乡科级副职：二十四级至十七级。

根据《专业技术类公务员管理规定（试行）》和《中华人民共和国公务员法》实施方案的规定，国家公务员局职位管理司可以在中央机构编制委员会办公室同意在党和国家各部门设置负责新闻发布工作专门机构、调整人员编制和设置领导职数的批复基础上，为新闻发言人设置"新闻发布专业技术员""新闻发布主管""新闻发布高级主管""新闻发布总监"等专业技术类公务员职务名称，从而将新闻发言人纳入专业技术类公务员职务序列，让新闻发言人有职业归属感，让新闻发言人不需要调整职务就有晋升空间，使其在政务公开和新闻发布业务之外心无旁骛。

此外，建议国家公务员局职位管理司还应拟订新闻发言人职位分类标准和管理办法；拟订聘任制新闻发言人的管理办法；完善新闻发言人日常登记管理工作；完善新闻发言人职务任免与升降、交流与回避、辞职与辞退制度。

第二节　完善新闻发言人选任授权制度和考核评估制度

一、完善新闻发言人的选任制度

建立一支懂政策、熟悉业务、了解新闻传播规律的稳定的新闻发言人队伍，推动新闻发言人由官员兼职型业余化过渡到具有媒体从业经验和媒介素养的专职型专业化，需要进一步完善我国政府新闻发言人的选任授权机制和考核评估机制。

（一）选拔公信力高的人担任新闻发言人

目前我国政府部门的新闻发言人大体上有三种来源：一是主管领导，如有的地方要求出任新闻发言人的必须是该部门的"二把手"；二是秘书长和办公厅主任的"总管式"人物；三是宣传部门的负责人。其中第二类人选是各级政府部门新闻发言人最主要的来源。选择以上三类人员是为了在短时间内迅速建立和推进新闻发布制度而采取的一种"权宜之计"。但从长远看，其缺陷是显而易见的，这些缺陷到了"人人都是新闻发言人"的微博时代就暴露得更为显著。上述这三类人员大都是官员出身，鲜有媒体的实际工作经验，不能熟练运用媒体和公众喜闻乐见的专业传播语态和策略来进行沟通，这与新闻发言人专业化和规范化的要求是有一定距离的。[①]

有学者建议，要改变目前"总管型""二把手型"和"宣传部型"三种新闻发言人来源方式，建立新闻发言人资质认证制度，针对新任新闻发言人开展岗前培训，对其政治素质、政策水平、业务能力进行全面提升，通过考核取得相关资质证书后才能上岗。[②]

但是新增新闻发言人资格证书的想法目前不太现实，也并非完全必要。

从提高新闻发布的传播效果这个最终目的导向来看，被选择担任新闻发言人的人自身应该比一般人更值得身边人和社会公众信任。传播学先驱卡尔·霍夫兰曾经就"信源的可信度和说服效果的关系"进行了实证研究，结果发现可信度高的传播者比可信度低的传播者更能说服人。霍夫兰的进一步实验也证实了，从长远看，人们更加重视内容本身的说服力。

2013 年 10 月，国务院办公厅发布《关于进一步加强政府信息公开回应社会关切提升政府公信力的意见》，提出已经设置新闻发布专门机构的部门和地方"要选好配强新闻发言人"，尚未设置专门新闻发布机构的部门和地方，要明确专人负责，确保在应对重大突发事件以及社会热点事件时不失声、不缺位。"选好配强新闻发言人"，也可以理解为选择公信力好、沟通力强的人担任新闻发言人，只有公信力好、沟通力强，才能保证新闻发言人的表态更有说服力。

---

① 史安斌：《从"官职本位"到"专业本位"微博时代新闻发言人的"变脸术"》，载于《人民论坛》（北京）2011 年第 26 期。

② 王彩平：《完善中国新闻发言人制度的路径》，载于《人民公仆》2015 年 7 月总第 37 期。

在这个文件发布之后不久，国务院新闻办公室表示，在新闻发布工作任务较重的部门和地方，将逐渐实现新闻发言人专职化，担任新闻发言人要经过正式组织程序进行任免。[①]

（二）聘请资深媒体人担任新闻发言人

新闻发布是个专业性要求很高的工作，担任新闻发言人的负责人必须具备起码的专业素养，因为是和媒体记者打交道，所以新闻发言人首先必须具备足够的媒体素养和媒体背景。从国外的新闻发言人的背景来看，最好选择有资深媒体从业经验的人担任新闻发言人。

香港特区政府的做法是由新闻署的专业人员派驻每个司局，这些人有较高媒介专业素养，融入各司局的业务工作，专门从事新闻发布工作，可以把业务和新闻有机结合起来，使得新闻发布更为专业。

叶皓认为，当下中国的新闻发言人制度建设首先要解决发言人的职业化问题，应逐步设立专职的新闻发言人，并从新闻专业人才中选拔进入党政机关，再经过业务素养积累和机关工作历练后担任新闻发言人。[②]

这个意见值得重视，我们也可以尝试在主流媒体中选拔资深媒体人充实到政府部门担任新闻发言人。比如我们可以从中央广播电视总台这样的中央媒体中挑选一些优秀的媒体记者、主持人、评论员担任中央部委的新闻发言人，从各地方的官方电视台和广播电台选择优秀的媒体记者、主持人、评论员担任地方党委政府的新闻发言人。

在选拔具有媒体从业经验的专业人士担任新闻发言人这个问题上，国内已经有一些机构和部门以自己多年来的成功实践对此进行了探索。2018年11月25日，由国务院新闻办公室主办、北京大学国家战略传播研究院承办的"2018中国新闻发言人论坛"在北京大学举行，中央广播电视总台

---

① 《新闻发言人逐步专职化　国新办称要经正式任免程序》，人民网，http：//media. people. com. cn/n/2013/1017/c40606 – 23229618. html。

② 叶皓：《对温州高铁事故新闻发布的反思》，载于《现代传播》2011年第10期。

央视外语频道总监江和平发表主旨演讲时说："自全国两会设新闻发言人至今，一共20位新闻发言人中，就有17人来自外交和媒体战线，其中5人曾在人民日报、新华社等国家级媒体中担任要职。可见，新闻发言人需要深谙媒体之道，光有智商、情商还不够，还需要媒商。"[1]

美国新闻发言人的任命数据也值得我们借鉴。清华大学教授史安斌根据能查阅到的档案统计，从1929年（即胡佛总统执政期）至2013年（即奥巴马总统执政期），白宫共任命了29位新闻发言人（他们使用的是"新闻秘书"的称谓），其中有16位是新闻记者出身或是在媒体工作过（报社8位，通讯社3位，广播电视公司6位，其中一位先后在报社和电视台工作过）；广告界出身的1位；其余12位都是为联邦或州政府部门、议会等做过新闻发言人或媒体公关主管。在1993年（克林顿总统执政期）至2013年任命的10位新闻发言人当中，具有在报刊、广电等不同类型媒体工作经历的新闻发言人有5人，具有从事新闻记者和政府部门传播主管的"跨界"工作经历的也有5人。由此可见，"跨媒体"和"跨界"业已成为全媒体时代新闻发言人的专门标志与核心优势。[2]

不过也有学者认为并不一定非得在体制外解决新闻发言人的选任问题，以中国目前的状况，比较可行的还是官员制，但是最好是专业化、职业化、稳定性的官员制。[3]

二、完善新闻发言人授权制度

作为承担重要职责的新闻发言人，必须获得足够的职务授权才能开展工作。新闻发言人获得的授权应该是制度化的、系统化的、前置性的授

[1] 江和平：《媒商：新闻发言人的必修课》，2018中国新闻发言人论坛主旨演讲，2018年11月25日。
[2] 史安斌：《全媒体时代新闻发布变革与创新》，载于《传媒》2014年第2期。
[3] 刘笑盈：《新闻发布十年：进展、问题与发展趋势》，载于《对外传播》2013年第1期。

权，而不是每次需要对外发布信息时才来向领导请示汇报，获得领导的临时授权，这样的新闻发言人难免担当不起新闻发言人这个重任。中国人民大学教授陈力丹曾在强国论坛上对新闻发言人制度作出过"法制化"的期望：如果仅仅依靠相关部门领导的开明态度，恐怕新闻发言人制度还是摆脱不了"人治"。①

现有的很多有关新闻发布的制度化规定大多是操作性制度，缺少保障性制度，多为涉及新闻发布具体操作实务上的规范性文件，是对新闻发言人职能、职责的界定，而涉及新闻发布幕后工作的授权性条款和保障性制度较少。一些文件中虽然对保障性制度有所涉及，例如提出"要给新闻发言人开展工作创造良好条件"等内容，但往往过于笼统，缺乏系统性的授权和详细具体的规定，这种局面正在通过深化新闻发布制度建设而逐渐改观。

（一）授权新闻发言人参与决策会议

2013 年 10 月，国务院办公厅发布《关于进一步加强政府信息公开回应社会关切提升政府公信力的意见》，提出"要为信息公开工作人员、新闻发言人、政府网站工作人员、政务微博微信相关人员参加重要会议、掌握相关信息提供便利条件"。这条规定如果具体加以实施的话，就要求各级各类政府机构允许新闻发言人超越自己的行政级别参加高层决策会议。

目前很多政府部门的决策是在保密状态下做出的，新闻发言人没有直接参与决策过程，对决策的意图、预期达到的目的、相关利益方的权衡等知之甚少，导致新闻发言人在面对记者提问时知其然而不知其所以然，难以让记者满意，新闻发布的舆论引导效果大打折扣。

在领导决策中，存在着前端、中端和后端三个过程。政策的草拟和提出，是决策前端的内容；决策中的多部门会商、修改和审定，往往是中端

---

① 余智梅：《说话的尴尬 央企新闻发言人职业困境调查》，载于《国企》2011 年第 10 期。

的内容；而政策推出和执行，是后端的内容。

新闻发言人应该获得授权参与本单位的决策会议，在参与决策的同时酝酿决策结果的宣传策划和报道方案，主动设置发布议题，把新闻发布工作与日常业务工作同步考虑、同步部署、同步推进，把新闻发布准备工作贯穿领导决策的前端、中端和后端。

新闻发言人首先要自己掌握自己所在组织、部门和地方的所有重要信息特别是领导层的决策信息，才能游刃有余地向媒体发布官方权威信息。这一点是不言而喻的。新闻发言人更可以凭借自己掌握的信息特别是舆情信息更全面更及时更可靠的优势，参与到决策的前端，在政策的商讨之初就介入决策层的决策活动中。

新闻发言人参与高层决策会议时，可以携带舆情大数据介入决策、参与决策。新闻发言人在决策者面前应该是民意的传声筒，应该把自己通过舆情监测预测手段获得的信息和对信息的判断简明扼要地发布给决策者，可以向决策者提供若干供选择的决策方案。

新闻发布团队还应提炼舆情大数据为民众提供精准信息服务，将之作为新闻发言人办公室赢得政声和民心、获得社会声誉和社会地位的重要途径。

在一些学术调研访谈中，一些官员都会认为舆论越来越多地影响决策过程，不少部委和地方政府会根据舆情来研究下一步的工作部署，或者在决策的中端根据舆情商定下一步的决策走向。这就说明新闻发布必须到了去"附属化"的时刻，必须要介入决策了。新闻发言人要增强专业化水平，首先也必须要去除内心中对于新闻发布是决策的"附属品"的落后意识。①

对标发达国家的做法，也能发现必须让新闻发言人进入决策圈。在欧美国家的政治体制中，政府新闻发言人往往被允许列席最高级别的决策会

---

① 周庆安、魏阳：《从"附属"到"嵌入"——新闻发布在公共政策中的角色研究》，载于《新闻与写作》2015 年第 2 期。

议，对相关信息和决策过程有着清晰和准确的把握。白宫发言人虽然没有任何级别，但可以列席最高级别的会议，直接了解重大政策的决策过程和思想动态。[①] 白宫所有最高级别的会议，除了总统、副总统、国防部长、国务卿，第五个人就是新闻发言人。

前联合国秘书长科菲·安南的新闻发言人埃克·哈德在接受中国媒体采访时也道出了这层意思："安南是个懂得放权的好的管理者。一旦把工作交给你，你就享有很大自由。作为发言人，我需要掌握内部信息，他很理解这一点，让我出席所有会议，确保让我获得一切信息，从不忘记我。每天早晨我都和他碰头，他告诉我当天会发生的事情。他到哪里都带上我，包括上任后的第一趟华盛顿之行。当时他告诉办公厅主任：代表团人数应该少一点。主任便把我从名单中去掉。我说：'可是科菲说他去哪儿都会带上我。'主任回答：'哦，这我得去问问他。'后来他回来找我：'你说得对，秘书长是想带你到他去的任何地方。'从此我或者我手下的其他发言人总是跟着安南出差。他让我看他的电话记录，包括在家里打的、晚上和周末打的，以便我知道他都和谁通了电话。这样我就掌握了非常详尽的情况，这是当好新闻发言人所需要的。你知道正在发生什么事情，记者才会尊重你。这些对我专业、自信地做好工作是非常根本的。"[②]

南京市政府原新闻发言人徐宁在接受记者采访谈到作为新闻发言人一天的工作节奏时也说："早上 8 点 30 分一上班，我就开始进行网络舆情搜索，之后去听各种会议，所有市政府的常委会、专题会议以及所有市长参加的会我都参加。另外一项日常工作就是'跟调研'，市长们大量时间都是去各部门调研，往往接触的是最敏感的事件，我可以清楚地了解事情发

---

① 余智梅：《说话的尴尬　央企新闻发言人职业困境调查》，载于《国企》2011 年第 10 期。
② 洪立：《联合国前首席发言人畅谈与安南共事 20 年的经历》，载于《外滩画报》2006 年12 月 27 日。

生发展的脉络，以及与哪些部门有关。"①

佛山市借助大部制改革试点的机会，将区政府新闻办提升为与区委宣传部平级的部门，由宣传部常务副部长兼任新闻办主任。禅城区明确将区委宣传部副部长兼任的区政府新闻办主任定位为"区委书记的新闻秘书"，可以列席区委区政府三会：区委常委会、区党政联席会、区政府常务会，从而对全区中心工作、重大事件决策过程清晰明了，新闻办主任的地位和作用大大提升。② 这是改革比较成功的例子。

（二）授权新闻发言人在紧急时刻立即面见上司

对于紧急情况的新闻发布来说，回应的速度至关重要。因此，除了超越自己的行政级别参加内部会议阅读涉密文件，新闻发言人必须还要有一个权利，就是要能获得领导和上级授权随时随地听取新闻发言人关于紧急情况的汇报，或者向新闻发言人提供有关突发事件的官方回应口径。

有的西方国家的国防部发言人，不仅与国防部长在同一座楼办公，甚至是门对门。一旦出现突发事件，新闻发言人能推门而入，直接去找国防部长或最高军事指挥员，迅速商定新闻发布口径，立即回应社会关切。如德军国防部长和总监察长的新闻发言人，虽然级别不是很高，但都与最高决策层有直接联系渠道。③

清华大学教授史安斌说，目前我国的新闻发布工作被简单地划归到宣传部门或行政部门，新闻发言人大都处于"有职无权"的状况中。实际上，新闻发布工作既不是传统意义上的宣传工作，也不是一般意义上的行政工作。新闻发言人如果没有一定的权力保障，就无法对所在部门的新闻

---

① 赵飞：《做好政府文件的"转译"工作——专访南京市政府新闻发言人徐宁》，载于《新闻与写作》2007 年第 9 期。

② 侯迎忠：《地方政府新闻发布绩效评估的实证研究——以广东佛山市为例》，载于《暨南学报》（哲学社会科学版）2014 年第 12 期。

③ 李大光、伊红平：《军方发言人的台前幕后》，载于《北京日报》2013 年 12 月 25 日。

发布作出整体规划和通盘考虑，也无法进行各部门之间协调"口径"的工作。即便是由"二把手"出任发言人，按照目前的政府管理模式，他也无权了解分管领域之外的情况，更不要说在各部门之间进行协调工作了。①

三、完善新闻发布容错机制

新闻发布是有时效性的，要尊重新闻传播的规律。对新闻发言人来说，常常需要争取时间发布真相澄清事实和谣言赛跑，有时候来不及请示上级也来不及核实所有细节，就很难在争取时效性和确保准确性上做到两全其美。

新闻发言人发布的信息必须是具有新闻价值的信息，也就是从发布时机上要照顾到新闻时效性，如果发言人第一次发布的信息不准确，应允许发言人在第二次发布时自我纠错而免担责任。②

周恩来在 1954 年率团出席日内瓦会议时曾经对负责中国代表团新闻办公室的工作的熊向晖等人说："事事都要请示，那叫不负责任。重大的、没有先例的问题应当事先请示，有时来不及请示，就需要当机立断，但要断得正确。"③

新闻发言人一旦出现错误，又容易被媒体捕捉放大，这导致一些新闻发言人的压力很大。对新闻发言人在这类情况下出现的错误，必须要有容错机制和纠错机制，给新闻发言人开展工作营造宽松的舆论环境，打消他们对于"言多必失"的顾虑，卸除发言人对"因言获罪"的心理负担。

---

① 史安斌：《从"官职本位"到"专业本位"微博时代新闻发言人的"变脸术"》，载于《人民论坛》（北京）2011 年第 26 期。

② 张烁：《在改进中加强，在创新中提高——我国新闻发布走向常态化》，载于《人民日报》2016 年 4 月 11 日，第 4 版。

③ 熊向晖：《于细微处见精神》，原载《不尽的思念》，中央文献出版社 1987 年版。

从领导、媒体到公众，应该容忍新闻发言人有时说错话，上级部门、新闻媒体和社会公众不能把出了事故的部门的新闻发言人作为"替罪羊"，把并不负责处置突发事件的新闻发言人作为突发事件预防和处置不力的问责对象，不能用惩罚、罢免或羞辱发言人的方式去平息舆论安抚民意。

2016 年 3 月 28 日，时任中宣部部长刘奇葆同志在全国新闻发言人培训班上发表讲话时，针对建立保护新闻发言人的容错机制问题指出"只要大原则不错，多说几句、少说几句没关系，就是说错几句天也塌不下来，及时纠正就可以了，各级领导干部要有这样的肚量，媒体要给予更多的理解宽容"①。

2016 年 8 月 12 日，国务院办公厅印发《国务院办公厅关于在政务公开工作中进一步做好政务舆情回应的通知》，对于新闻发布的时效性和建立新闻发布容错机制提出明确要求："对涉及特别重大、重大突发事件的政务舆情，要快速反应、及时发声，最迟应在 24 小时内举行新闻发布会，对其他政务舆情应在 48 小时内予以回应，并根据工作进展情况，持续发布权威信息。对出面回应的政府工作人员，要给予一定的自主空间，宽容失误。"

对此一些媒体人也表示理解和认同，《中国青年报》编委、社评部主任、首席评论员曹林就认为：新闻发言人应该是打通官方和民间两个舆论场的"使者"，倾听民众知情的需求，回应民众关切，把生硬的官方宣传语言转化成民众听得懂的话。官方和舆论都应该善待和善用这个使者，多宽容这个尴尬的群体，尤其应该有一种"容错"的机制，就是允许他们有时说错话，不能因为说错一两句话，或一两句话可能有问题，就否定这个人。在中国目前的新闻发布体制下，很多新闻发言人并不是掌握最多信息的人，对一些问题他们可能并不知情，所以有时说错话在所难免。舆论不

---

① 《全国新闻发言人培训班举办》，人民网，http://cd.wenming.cn/ycpl/201604/t20160411_2474089.shtml。

必盯着一两句话去群殴发言人，政府内部也要保护新闻发言人，给发言人营造一个宽松的环境，不能用惩罚、罢免或羞辱发言人的方式去平息舆论安抚民意。[①]

新闻发言人出现过错后，也应及时纠错，不能任由错误蔓延。首先要区分"过"与"错"：无心之失名为错，有心之非名为过。对于无心之失及时纠正就可以了，对于有心之非，则要反思深层原因，加以改正。

当然，对于新闻发言人的失职行为也不能完全没有问责追责的举措，否则不是完整的奖惩激励机制。

四、完善新闻发布考评制度

2005 年 12 月 29 日，国新办举行新闻发布会，会上强调，要提高新闻发布评估的水平。"我们的新闻发布制度究竟怎么样，新闻发布会的质量究竟怎么样，不是我们自己说了算。仅仅是我们自我感觉良好不行，我们一定要加强对它的科学评估。在评估的过程中间，不断找出我们存在的弱点和问题，不断提高我们的水平。这个评估一定要听取三方面的意见。一是要听领导和专家的意见。因为我们是政府的发言人，我们要准确表达和反映政府的政策，政府的愿望。所以，要听领导和专家的意见，这很重要。二是要听媒体和新闻界同仁们的意见。因为这件事是由我们双方加在一起才能做的事情，你们的评价对于提高我们新闻发布的质量、提高新闻发布的水平是至关重要的。所以，我们非常愿意听到新闻媒体对我们新闻发布会提出的建设性的意见，批评性的意见我们都愿意听。三是我们要通过各种方式收集公众，国内外的受众、公众对于我们这方面的意见、反应。"[②]

第一，让上级组织和上级领导对发布会满意、获得他们的好评是新闻

---

① 曹林：《应该容忍新闻发言人有时说错话》，载于《中国青年报》2015 年 4 月 8 日。
② 《新闻发布工作应从四个方面加强完善》，新浪网，https：//news. sina. com. cn/c/2005 - 12 - 29/12048726086. shtml。

发布工作的重要目标。发言人首先是代表自己所在的组织来发言的，所以必须维护自己所代表的组织的利益，这样才会获得组织领导的好评。

第二，新闻发布厅的到会比例，到会记者的提问比例，记者发表报道的比例，报道被其他媒体采用的比例，都是新闻发布考核评估时应该考虑的因素。

到达新闻发布会现场进行采访的记者获得提问机会的比例也是评价新闻发布会效果的一个指标，如果记者提问的总量只有到场记者的10%甚至更低，这就意味着绝大多数记者想要提出来的问题只能烂在肚子里，没有机会在新闻发布会现场向台上的发布人提出来。

大型记者会上不应该允许某一位记者提太多的问题，因为要留时间给别的记者。为了让更多记者有提问的机会，对于发布会所涉议题的背景信息，组织者应该提前印发材料，在记者进门签到的时候就发放给记者，而不该让发言人在时间宝贵的记者会上长篇大论地宣读这些口径。新闻发布会的开场白或曰主旨发布应该简洁有力，以节省时间让更多的记者有机会提问。

跟踪发布会后写出报道的记者比例，以及记者报道发表后被其他媒体全文转载或部分引用的比例，应该也是评估新闻发布效果的一个重要指标。

第三，新闻发言人可以在一场发布会或一段时期的发布会之后集中搜索一下新闻发言人同行以及专家学者的评价，从理论深度上反思自己。在现在的一些大型记者会或新闻发布会上，专职发言人往往成为主持人，发言的任务由出席发布会的领导和专家亲自完成。这些领导和专家可以在发布会后认真咨询一下发言人、政府新闻官和学者，倾听这些专业人士和同行的意见。

第四，2015年，国务院新闻办对与宏观经济、民生关系密切和社会关注事项较多的部门提出建立"4·2·1＋N"新闻发布模式的"刚性要求"。"4"，就是每季度至少举行1次新闻发布会，每年4次；"2"，就是这些部门的负责同志，每半年至少出席国务院新闻办公室新闻发布会1次，每年2次；"1"，就是这些部门的主要负责同志，每年至少出席国务院新闻办公室新闻发布会1次；"N"就是指发生重大社会关切和重大突发事件时随时召开新闻发布会。据此，我国各个层次的新闻发布工作负责机构和部门必须建立相应的工作机制，按照此"刚性约束"来规范自己的新闻发布工作。

如今，国务院新闻办公室已经成立了省部级新闻发言人评估组，每年定期对国务院各部委和各省的新闻发布工作进行专业化的评估。清华大学新闻与传播学院副院长周庆安认为："考核评估不仅是一种排名，更重要的是确定了新闻发布的标准，告诉各部门什么样的新闻发布是优秀的，发布工作的努力方向在哪里。"周庆安还认为，"目前很少有国家能进行这么大规模的新闻发布工作评估。一些国家往往会针对某些专场发布，或针对特定的部门、领导人的政治传播活动进行相应的评估。我国新闻发布工作的考核评估以评促建，能够推动制度化建设"①。

如何提高评估考核的科学性合理性？清华大学教授周庆安认为，借助大数据进行新闻发布的评估是当前评估工作中的一种趋势。在新闻发布的评估中需要将宏观的制度评估与微观的单场发布会评估结合起来。在新闻发布评估工作中的数据工作，包括了数据采集、模型建构和评估维度确立等三个方面。数据采集围绕要素指标、传播指标和反馈指标等来工作；模型则要构建制度模型、传播模型和效果模型等三个方面。在评估中，要将数据恰当化和关联化，以实现新闻发布评估的科学合理。②

搞新闻发布评估考核的根本目的应该是提高新闻发言人工作的积极性和主动性，推动新闻发言人提高新闻发布的水平和质量，最终提高新闻发布的传播效果，改善和提升政府的公信力，保障媒体和公众的知情权，优

---

① 许诺：《专家学者建言新闻发布工作与评估考核机制》，载于《人民日报》2017年5月26日。

② 周庆安：《大数据在新闻发布评估中的运用研究》，载于《新闻与写作》2017年第11期。

化国家治理能力和治理结构。对此清华大学新闻与传播学院副院长史安斌教授建议，应继续以评估考核制度的推行为契机，推动新闻发布工作的转型升级。史安斌教授所谓的转型升级就是要新闻发言人彻底走出原来"我说你听"的宣传思维，建立真正有效的政治传播机制，促进政府、媒体和公众之间的三方互动，为我国经济建设和社会发展创造有利的舆论环境。①

作为参与新闻发布制度设计、新闻发言人培训和新闻发布评估工作的专家，史安斌认为从评估中仍能发现不少部门和省市仍停留在原来的宣传思维，认为设了发言人、开了发布会、有了微博微信就万事大吉了。史安斌认为，在传播生态多元化的今天，政府部门要充分发挥新闻发布工作的效能，主动参与"议程设置权""舆论主导权"的争夺，因此开展常态性的评估和反馈机制有助于让更多政府部门和省市领导重视新闻发布工作，提升传播效果。史安斌建议，这样的"新闻发布工作国家级排行榜"将来要逐渐过渡到半年榜、季度榜、月度榜，借助于大数据技术甚至可以做到即时评估，一场新闻发布会结束后马上生成评估报告，只有这样，才能让各级政府部门尤其是主要领导同志重视这项工作。②

第三节　规范和强化新闻发言人的
角色意识和担当精神

职责，是指法律、行政法规以及部门主要职责、内设机构和人员编制规定赋予部门的职权和相应承担的责任。新闻发言人被任命后，首先自己要清楚自己的职责和使命是什么，自己的角色定位是什么，否则不可能担当使命，更不可能成为有专业素质的新闻发言人。

①② 史安斌：《2016 年度全国新闻发布工作评估结果揭晓答记者问》，史安斌新浪博客，2017 年 5 月 26 日。

一、立德立功立言立法：衡量新闻发言人的最高标准

中国古代文化有"三不朽"的说法，指立德、立功、立言。《左传》里有句话叫"太上有立德，其次有立功，其次有立言，虽久不废，此之谓不朽"。我们借鉴这个说法并赋予新的阐释：

立德，就是要把打造透明政府、满足媒体和公众知情权、建设拥有充足社会资本的信任社会当作最高职业道德标准。

立功，就是能把政府议程、媒体议程和公众议程完美糅合，创造干群同心万众齐心、政府公信力保持高位的有利局面。

立言，就是能以生动智慧的语言艺术深入浅出地解读政策讲好故事。

立法，就是要以自身的实践为推动新闻发布制度化创造出值得同行和后人借鉴模仿的精神信仰和范例法则。

新闻发言人这个职务，是个非常神圣的职务，是个容易出彩的岗位。新闻发言人的最高职业理想也应该是立德、立功、立言、立法。

新闻发言人制度设立的根本宗旨是为了满足公众的知情权。人民的知情权和政府的公信力是一个硬币的两面。我们经常说要建设有公信力的政府，要做的事就是要从满足公众的知情权开始。

政府的公信力主要体现在四个方面，第一个政府应该是依法形成的政府；第二个政府应该是负责任的政府；第三个政府应该是以公民为本位的服务型政府；第四个政府应该是公开透明的政府。今天我们讲的政府公信力，主要就是指第四个方面，即政府应该是公开透明的政府。政府存在的价值就在于满足社会存在的需求，政府的执政理念、法律政策、决策过程、运作方式等信息都应该及时公开透明，要使公民的四权，即知情权、参与权、表达权、监督权得到充分体现，但是知情权是第一位的，知情权应该是法律赋予公民的最基本权利。

有志于满足公众的知情权，从政治伦理上才具备立德的基础。采取实

际行动满足公众的知情权，是有功于人民。用媒体记者和普通公众能够理解的通俗语言把政府的政策和掌握的信息有条理地表达出来，才叫立言。通过无数次新闻发布实践把满足公众知情权的理念牢牢地植入每个国民的内心，以自身的实践和创举为推动新闻发布制度化作出独特的贡献，才叫立法。

二、保障公众知情权的卫士

在国内，"新闻发言人"的定义是国家、政党、社会团体任命或指定的专职或兼职新闻发布人员。其职责是在一定时间内就某一重大事件或时局问题，举行新闻发布会或约见个别记者，发布有关新闻或阐述本部门的观点立场，代表有关部门回答记者的提问。①

美国人对新闻发言人的英文概念是 press and public relation officer-press and public relation chief（新闻发布官—新闻负责人）。②

美国的定义更侧重新闻发言人的公共关系角色，中国的定义更侧重新闻发言人在国家治理环节上的作用。我们可以适当借鉴美国新闻发言人制度特色，使我们的新闻发言人也增加一些公共关系意识和相应的公共关系能力。

公共关系是由英文"Public Relations"翻译而来的，是指组织机构与公众环境之间的沟通与传播关系。有研究者就建议对我国现有的国有单位的宣传部门进行功能重组，赋予其更多公共关系职责。余智梅就认为，"从长远看，应该把现有央企的宣传部门改组为集战略传播、媒体公关、新闻发布和品牌营销于一身的专业公共关系部门。新闻发言人要成为这个部门的负责人，主持企业的公共关系工作。这样，新闻发言人才能够掌握

---

① 刘建明主编：《宣传舆论学大辞典》，经济日报出版社1992年版。
② 柳闻主编：《大众传播词库》，文汇出版社2000年版，第444页。

各方面信息，从而面对媒体记者的提问才能有东西告知大家。未来的央企新闻发言人应该是一个团队的领导者，负责企业的公关事务，包括舆论引导和危机处理，而且这个团队绝不是今天的央企宣传部门。"①

公安部原新闻发言人武和平的一段话也可以看出我国政府新闻发言人应该具备更自觉的公共关系意识。武和平曾经说："我曾苦苦思索新闻发言人和媒体之间究竟是什么关系。为何平日里相安无事，一遇事就全不给面子？为什么明明你提供了百分之百的正面信息，他的报道还是会出现负面解读？有时你不经意间释放的信息，他反倒妙笔生花？后来我发现，政府关注的是常态化的正面信息，而媒体关注的却是非常态事件。所以，政府要善待媒体，媒体也要把握好维度和角度。总的来说，媒体的报道要采取善意的批评、理性的建议，而非愤世嫉俗的丑化与损害，从而与政府共同营造利于政府行政、利于释缓社会情绪的同向效应。另外，政府要坦诚面对媒体，主动接受监督。一个执政为民的政府，没有不可为人言者。让人说话，让媒体说话，天不会塌下来。"②

"善待媒体"就是要搞好关系，这是一种自觉的公共关系意识；"政府要坦诚面对媒体，主动接受监督"提示的是新闻发言人要以友好的态度对待媒体、看待监督，这也是一种自觉的公共关系意识；"让媒体说话，天不会塌下来"提示的是新闻发言人要学会倾听和沟通，要容忍批评指责和逆耳之言，这更是一种自觉的公共关系意识。

在现实中，我们发现有些新闻发言人容易被眼前的乌云遮住双眼，对自身的身份立场和角色定位存在困惑。这些新闻发言人感觉自己的生存状态并不好，生存在体制和舆论的夹缝中，受到了来自官方和民间的双重夹击：媒体和民众对新闻发言人有太高的期待，期待他们能给出一个满足公众知情渴求的答案；而官方对他们的授权又相当有限，一些领导只是希望

---

① 余智梅：《说话的尴尬　央企新闻发言人职业困境调查》，载于《国企》2011 年第 10 期。
② 武和平：《在网民骂声中听取诤言》，载于《中国青年报》2012 年 4 月 15 日，第 3 版。

他们扮演一个面对汹涌舆情的挡箭牌和官方的"传声筒"。这种角色期待的冲突，使他们很多时候两头不讨好。①

政府新闻发言人是代表政府满足公众知情权的信息服务者。新闻发言人在信息传递过程中扮演两个角色：一是政府部门的代言人，根据政府的授权，充当"喉舌"；二是对于新闻媒体和社会公众而言，新闻发言人是他们获知国家政务信息的权威来源，保障公众知情权的"卫士"。

北京师范大学喻国明教授在谈到新闻发言人合格标准时的论述："判断一个政府新闻发言人是否合格的根本标准是看他是否在相当大的程度上减少和消除了人们对于公共事务认知上的信息不对称状况。政府要通过新闻发言人的发言行为，使政府与公众之间的信息不对称状态得以改善，使公众对事实的了解更加全面，更加客观，更加深刻。这是判断新闻发言人做得到位不到位、称职不称职、效果好不好的最高标准。"②

有了这个信念，新闻发言人就有了担当的底气和勇气，才能在需要时敢于站出来、冲上去。2016年3月28日，刘奇葆在与全国新闻发言人培训班学员座谈时说，"新闻发言人在潮头起舞，要不怕打湿羽毛，需要时能站出来、冲上去。"③

第四节 强化主要领导做好第一新闻发言人的制度约束

北京大学新闻传播学院程曼丽教授认为，大量事实表明，凡是"一把手"重视程度比较高的政府部门，其新闻发布制度大都比较健全，新闻发

---

① 曹林：《应该容忍新闻发言人有时说错话》，载于《中国青年报》2015年4月8日。
② 喻国明：《与时俱进建设好政府新闻发布制度》，载于《学习时报》2011年8月29日。
③ 张烁：《在改进中加强，在创新中提高——我国新闻发布走向常态化》，载于《人民日报》2016年4月11日，第4版。

言人也能够充分履行职责；而在那些"一把手"对于新闻传播规律缺乏了解、对于新闻发布工作缺乏重视的部门，新闻发言人的职责往往难以履行到位。①

设立新闻发言人制度是为了促使所有领导干部更积极主动地和媒体沟通，领导干部不能把新闻发言人作为拒绝媒体采访的挡箭牌。一个地区、一个部门、一个单位的主要领导是该地区、该部门、该单位天然的首席新闻发言人。

首先，领导者掌握了最全面最权威最准确最有用的信息。领导者尤其是一把手可以参加更高级别的会议，可以更准确地把握更高决策层的动态，领会更高决策者的意图，因而也能更好地把握信息发布和答记者问的分寸。领导者尤其是一把手不仅是决策者，有时候还是政策的制定者，他们不仅知道决策的最后结果，而且还洞悉决策的全部过程，有资格代表本部门或组织发布权威信息，对政策进行权威解读。

其次，领导者尤其是一把手带头接受媒体采访也可以省去让部门专、兼职新闻发言人代言所必不可少的请示汇报、索取口径、协商口径和统一口径等环节，从而可以更高效地和媒体与群众沟通，有利于媒体和群众在第一时间满足知情权和监督权。

最后，在重大突发事件发生后，事件的严重程度与出面回应并处理事件的官员的级别应保持一定的对等关系。领导者尤其是一把手亲临事发现场或应急指挥中心靠前指挥、带头接受媒体采访回应社会关切，对于公众和下属都是巨大的心理安慰和精神鼓励。这表明主要领导在事发之后没有缺席缺位，没有临阵脱逃，没有惊慌失措，没有失职渎职。

改革开放之后，中央文件对各地各部门主要领导出席新闻发布会陆续有一些规定，总体趋势是越来越重视这一问题。

---

① 程曼丽：《新闻发布是"一把手"工程》，载于《新闻与写作》2011 年第 10 期。

1987 年 7 月，中宣部、中央对外宣传小组联合发布《改进新闻报道若干问题的意见》，对国务院新闻发言人制度作出规范。国务院会议作出的可以公开报道的重要决定，由国务院新闻发言人定期（每月 1 次或 2 次）举行中外记者招待会或新闻发布会加以介绍，还可就一个时期国内政治、经济、文化等方面全局性的重大问题和群众关心的问题发布新闻并答记者问。中央在转折关头举行的一些重要会议和作出的一些重要决定，可由领导人举行记者招待会，就主要问题作介绍。也可以考虑就一个时期国内外读者普遍关心的敏感问题，选择适当时机召开中外记者招待会，由中央领导同志或有关部门负责人作权威性解答，电台、电视台播发实况或录音、录像剪辑。

2005 年，国务院办公厅发布的《国家突发公共事件新闻发布应急预案》规定：突发公共事件的新闻发布工作由新闻主管部门和负责事件处置的有关主管部门归口管理，力争在第一时间发布准确、权威信息，掌握新闻舆论的主动权。发生特别重大和重大突发公共事件，在启动或成立应急指挥机构的同时应启动新闻发布领导小组和新闻发布方案审批机制，新闻发布领导小组为应急指挥机构的组成部分，新闻发布领导小组组长由负责应急指挥的党政领导担任或指定。

2013 年 10 月 1 日，国务院办公厅公开发布《国务院办公厅关于进一步加强政府信息公开回应社会关切提升政府公信力的意见》，对于"主要负责同志出席新闻发布会"提出以下要求："国务院新闻办公室要围绕国务院常务会议等重要会议内容、国务院重点工作、公众关注热点问题，及时组织新闻发布会，把国务院新闻办公室新闻发布厅建设成中央政府重要信息发布的主要场所。与宏观经济和民生关系密切以及社会关注事项较多的相关职能部门，主要负责同志原则上每年应出席一次国务院新闻办公室新闻发布会，新闻发言人或相关负责人至少每季度出席一次。"对于"重要政策法规出台后通过政府网站发布政策法规解读信息"，该意见的要求是："重要政策法规出台后，要针对公众关切，及时通过政府网站发布政策法规解读信息，加强解疑释惑；对涉及政务活动的重要舆情和公众关注的社会热点问题，要积极予以回应，及时通过政府网站发布权威信息，讲清事实真相、有关政策措施以及处理结果等，地方政府和部门负责同志应主动到政府网站接受在线访谈。"

2015年，中宣部出台《〈关于建立健全信息发布和政策解读机制的意见〉实施细则》，对新闻发布工作特别是新闻发布制度建设作了十分系统、全面的规定。文件明确规定各级党政机关主要负责同志是"第一新闻发言人"，对信息发布负有主要责任。重大政策出台、重大突发事件发生时，主要负责同志要出席新闻发布会介绍情况、发布信息，接受媒体采访。

中宣部和国新办还明确提出建立"4·2·1+N"新闻发布工作模式的"刚性要求"，要求与宏观经济、民生关系密切和社会关注事项较多的部门遵照这个模式来开展新闻发布工作。

2016年2月17日，中共中央办公厅、国务院办公厅印发了《关于全面推进政务公开工作的意见》，并发通知要求各地区各部门结合实际认真贯彻执行。其中明确提出："领导干部要带头宣讲政策，特别是遇有重大突发事件、重要社会关切等，主要负责人要带头接受媒体采访，表明立场态度，发出权威声音，当好'第一新闻发言人'。"

2016年8月12日，国务院办公厅印发《国务院办公厅关于在政务公开工作中进一步做好政务舆情回应的通知》，对于政府主要负责同志负责特别重大政务舆情回应工作提出明确要求："对特别重大的政务舆情，本级政府主要负责同志要切实负起领导责任，指导、协调、督促相关部门做好舆情回应工作。"

2016年11月10日，国务院办公厅印发《〈关于全面推进政务公开工作的意见〉实施细则》，对于国务院相关部门主要负责人主动参与解读国务院发布的重大政策提出了明确的要求："国务院发布重大政策，国务院相关部门要进行权威解读，新华社进行权威发布，各中央新闻媒体转发。

部门主要负责人是'第一解读人和责任人',要敢于担当,通过发表讲话、撰写文章、接受访谈、参加发布会等多种方式,带头解读政策,传递权威信息。"这份文件还对国务院各部门主要负责人参加国务院政策例行吹风会提出了明确要求:"国务院政策例行吹风会是解读重大政策的重要平台,各部门要高度重视,主要负责人要积极参加,围绕吹风会议题,精心准备,加强衔接协调,做到精准吹风。对国际舆论重要关切事项,相关部门主要负责人要面向国际主流媒体,通过集体采访、独家访谈等多种形式,深入阐释回应,进一步提升吹风会实效。遇有重大突发事件和重要社会关切,相关部门主要负责人要及时主动参加吹风会,表明立场态度,发出权威声音。对各部门主要负责人参加国务院政策例行吹风会的情况要定期通报。"

上述这些法规对于我国当下的新闻发布制度建设是个比较有份量的突破。当今时代是个交往对话的信息时代,信息时代维系社会运转的最基本要素就是信息的高效供给和自由流通。在群众有了指向性比较明确的重要关切时,当社会有了重大突发事件发生,涉事地区和部门的主要负责人主动积极地接受媒体采访、回答记者提问,而非百般阻挠媒体采访、极力躲避记者话筒,能避免公众产生领导者不负责任、不敢担当、未能尽责、不够称职的负面印象,也就可以大大提高党和政府的公信力。在当今这个各种垃圾信息泛滥的时代,公众尤其需要在第一时间获取权威信息和精准信息,正是从这个意义上来说,当有重大突发事件发生,或者群众有了重要社会关切时,领导者是天然的新闻发言人。

对于中央的上述文件,很多地方都在落实,并且在实践中有创造性的发挥。北京市着重强调要严格落实"4·2·1"新闻发布工作模式,市领导带头出席新闻发布会,在发生重大突发事件和出现社会关注度高的敏感问题时,相关部门主要负责同志和新闻发言人要主动发布信息,逐步形成在重大事项、关键时刻,主要领导和新闻发言人同频共振、及时发声的新闻发布工作模式。

2016 年 11 月 5 日，时任上海市政府新闻发言人的徐威说：2015 年，上海制订了《关于进一步加强上海信息发布工作的意见》，把中央和中宣部、国新办各种文件的要求具体化。简而言之，就是坚持两条，一是进一步强化主要领导既是"信息发布的第一发言人"，又是"应急处置的第一责任人"；二是加强政务新媒体建设，提升政府与民沟通的能力。2015 年，根据上海市政府常务会议的决定，杨雄市长和七位副市长先后参加市政府新闻发布会，所有市政府领导直接参与信息发布与政策解读工作，2015 年上海市有 37 人（次）的政府部门和区县主要负责同志出席市政府发布会。领导带头，不光是发布信息，更是表达一种强烈的与民沟通，讲清道理的意愿，也是锻炼讲好政府故事的重要机遇。①

国家部委及其主要领导也在落实"一把手"担当"第一新闻发言人"接受制度的约束。2016 年全国两会上，34 位部长、41 人次在"部长通道"接受采访。2016 年 3 月 16 日，时任总理李克强在记者招待会上也提到了"部长通道"："今年两会前我就要求国务院的部长要主动发声，回答记者的提问，不是有个'部长通道'吗？我跟他们说，你们可不能记者一发问就拱手一走了之，要把嘴巴张开，直截了当地回答问题。"②

中央提出主要领导必须担当所在地区和部门第一新闻发言人的决策是非常正确的，在实践中有很强的指导意义和正面效果。

正如公安部原新闻发言人武和平所说："10 年的正反方面的例子和教训告诉我们，敢说、善说的阻力还相当大，主要取决于领导，其次是整个干部队伍的媒体素养。一个地区主要领导的观念维度，决定整个干部队伍媒体素养的深度，决定新闻发言人新闻水准的高度和政务公开的

---

① 徐威：《高度重视沟通 讲好政府故事——以上海政务信息发布实践为例》，首届中国新闻发言人论坛，2016 年 11 月 5 日。

② 《李克强："权在用、云在看" 行使权力不能打小算盘》，中国政府网，https：//www. gov. cn/xinwen/2016 – 03/16/content_5054402. htm。

广度。"①

从目前的政策环境来看，对党政主要领导出席新闻发布会特别是出席特别重大、重大突发事件新闻发布会已经有了明文的规定，下一步的任务应该在具体的问责、考核、评估、奖惩、干部任命和能力培训等方面制定出台配套措施进行硬约束，以贯彻落实主要负责人"是第一新闻发言人"的法制要求，强化党政主要领导出席新闻发布会、做好"信息发布第一责任人"和"第一新闻发言人"的主体意识和担当意识。

第五节 为新闻发言人配备强大工作团队提供有力外部支持

目前已经出台的有关新闻发布的政策法规都提出要为新闻发言人配备分工明确、规范高效的专业工作团队。但在具体执行中，新闻发布工作团队常常无法到位。很多部门没有专职人员或专门处室负责舆情监测、口径协调和新闻发布工作，这就导致新闻发言人不管是平时还是"战时"都形同"光杆司令"。因此，有必要为新闻发言人配备专业的新闻发布工作团队，为新闻发言人提供保障和支持，新闻发布工作团队一定要阵容强大素质专业，还要有计划地加强对新闻发言人和新闻发布团队成员的专业培训。

一、为新闻发言人配备专业的新闻发布工作团队

清华大学教授史安斌注意到，国外很多政府机构都非常重视新闻发布团队建设。西方国家特别是美国，经过百年的历练，形成的发布机制是专

---

① 桂杰、谷新龙：《政府新闻发布制度十年回首 有专业水准发言人太少》，人民网，2013年12月19日。

业模式，由总统本人亲自主导，任命具有新闻传播专业背景的专职发言人来进行发布，但发言人依靠的是专业团队的支撑，并且形成了常态化运作的机制。许多重要部门都是每天发布新闻，或指派专人回答媒体垂询。①

新闻发布工作团队首要的工作是为新闻发言人提供准确而全面的信息，让新闻发言人对特定事项的全部过程和关键细节及相关各方的立场态度和主要诉求洞若观火。新闻发布工作团队捕捉挖掘搜集整理信源的水准决定了新闻发言人最终新闻发布内容的水准。无论是一个地方还是一个单位，内设机构和业务部门要指定专人对接新闻办公室和新闻发言人，专司搜集信源、汇总信息、流转信息、使用信息。系统内部要形成及时向负责新闻发布的工作团队那里不间断地汇总信息通报信息的永久机制。

新闻发布团队本身既要有新闻意识，又要有支撑新闻的数据研究能力。

2013 年 10 月 1 日，《国务院办公厅关于进一步加强政府信息公开回应社会关切提升政府公信力的意见》对于"新闻发布工作团队建设"提出的要求是："要加强工作机构建设，已经设置专门机构的，要加强力量配置，把专业水平高、责任心强的人员配置到关键岗位，特别是要选好配强新闻发言人；尚未设置专门机构的，要明确专人负责，确保在应对重大突发事件以及社会热点事件时不失声、不缺位，有条件的应尽快成立专门机构，保障必要的工作经费。同时，要为信息公开工作人员、新闻发言人、政府网站工作人员、政务微博微信相关人员参加重要会议、掌握相关信息提供便利条件。"

我国当下有些部委和地方政府在新闻发布团队建设方面已经作出了非常有示范意义的尝试，值得其他同行借鉴。比如外交部就建立了非常高效的新闻发布工作团队。

外交部新闻司发布处一名负责人曾经向《环球时报》记者介绍说，

---

① 史安斌：《全媒体时代新闻发布变革与创新》，载于《传媒》2014 年第 2 期。

"北京朝阳门外，清晨车流还未密集，外交部大楼 6 层灯光已经亮起。发言人团队十几人，很年轻，每天一场发布会，节奏始终紧张。一日筹备从舆情汇总开始，统观热点事件动态、中外媒体报道评论、网络舆情、公众看法。此后发言人和团队进行对碰，除议题讨论，还设想各种可能的提问角度和应答策略，其中一些情况要与外交部内各地区业务司局和其他部委沟通。沟通持续到发布会前最后一分钟。一般情况下，团队能够预测现场大部分问题，但超出预测的，全靠发言人个人积累和发挥。发布处设 24 小时答问手机，几名负责人轮流值班。"[1]

新媒体崛起之后，很多官方宣传机构和新闻发布机构都开设了自己的政务新媒体自主对外发布信息。上海市政府新闻办公室的政务新媒体"上海发布"在发布团队建设上的做法同样非常有创新性和实效性。

上海市政府新闻办公室于 2011 年 11 月 28 日在新浪网、腾讯网、东方网、新民网同时上线实名认证政务微博"上海发布"。全年每天发布，双休日节假日安排值班，每天 24 小时运转，突发事件随时响应。[2]

二、加强前台，保障后台——请专家学者和专业机构提供支持

新闻办公室应建立咨询专家联系制度，专家的手机号码应存入手机并经常联系。重大政策和重要决策需要权威专家来解读时，可以选择请这些专家来站台。

2013 年 10 月，国务院办公厅印发《关于进一步加强政府信息公开回应社会关切提升政府公信力的意见》，要求"建立专家解读机制。重要政策法规出台后，各地区各部门要及时组织专家通过多种方式做好科学解

---

① 刘畅：《外交部发言人将中国声音传向世界》，载于《环球时报》2013 年 12 月 23 日。
② 《上海市政府新闻办实名政务微博"上海发布"开通》，中国政府网，https：//www.gov.cn/jrzg/2011－11/28/content_2005034.htm。

读，让公众更好地知晓、理解政府经济社会发展政策和改革举措。有关部门可根据工作需要，组建政策解读的专家队伍，提高政策解读的针对性、科学性、权威性和有效性，让群众'听得懂'、'信得过'"。根据这一要求，新闻发布顶层设计必须包括建立专家解读机制，以媒体记者和社会大众听得懂的语言来解读重要政策法规。

2016年11月10日，国务院办公厅印发《〈关于全面推进政务公开工作的意见〉实施细则》，对于发挥专家学者作用提升政策解读权威性提出了明确的要求："对以国务院或国务院办公厅名义印发的重大政策性文件，起草部门在上报代拟稿时应一并报送政策解读方案和解读材料，并抓好落实。需配发新闻稿件的，文件牵头起草部门应精心准备，充分征求相关部门意见，经本部门主要负责人审签，按程序报批后，由中央主要媒体播发。要充分发挥各部门政策参与制定者和掌握相关政策、熟悉有关领域业务的专家学者的作用，围绕国内外舆论关切，多角度、全方位、有序有效阐释政策，着力提升解读的权威性和针对性。对一些专业性较强的政策，进行形象化、通俗化解读，多举实例，多讲故事。"

体制外的公关公司也是可以借力的智囊机构，它可以协助发言人收集新闻报道、评估新闻发布会效果、策划媒体活动等。相对于招聘大量的专职工作人员来说，相比成本要低一些，而且专业的公关公司具备成熟的媒体网络和经验丰富的公关专家。

专家作为第三方信息源，从以往的配合新闻发布，进入到配合数据新闻的调研当中，第三方信息源的前移会影响对数据的挖掘进程。新闻发言人不能等到发布进行中才与第三方信息源开展交流，而是要更加深入了解第三方信息源所拥有的信息优势，并发挥好这种信息优势对新闻发布的积极作用。[1]

---

[1] 周庆安、魏阳：《数据新闻学在新闻发布中的运用与挑战》，载于《新闻与写作》2014年第9期。

第六节　完善新闻发布工作协调机制和
新闻发布口径会商机制

信息的全面及时获取是新闻发言人开展工作的必需保障，一个地区、一个部门、一个单位应首先在内部构建向新闻办公室和新闻发言人全面及时准确通报信息的永久机制。不同的地区、部门和单位之间也应设立议事协调机构、建立口径协调协商机制，保证对外统一发声。

一、按照协商民主理念构建联动工作机制

在现实的政府施政和社会治理过程中，很多公共事务涉及多个部门多个地区，不同部门实行分段管理，针对这些事务的新闻发布活动事前一定要周密协调、共同会商，以求同心协力、步调一致地解决问题。要按照"协商民主"的政治理念，构建各个层面的"联动机制"，在公共决策和社会治理中创造性地做好协调工作。

在现实的政府施政和社会治理过程中，不同地区不同部门之间往往会出现业务交叉和职能重叠，每个部门都需要行使职能做出表态，如果事先不和其他部门通气打招呼的话，很容易相互之间各自为政、最后互相指责。

事先"打招呼，通通气"是"协商民主"政治理念的具体表现。协商民主的要素至少应包括主体、内容、程序和目标四个方面。稍微展开来说就是主体平等、内容重大、程序公开、实现善治。在我国的协商民主制度建设和发展中，必须强调协商民主应当尽可能在公开透明的环境下进行。党际协商、界别协商、机构协商，除了涉及重大国家机密议题之外，应当尽可能让媒体公开报道，甚至是现场直播。健全社会主义协商民主对我国

新闻发布制度建设提出了全新的更高的要求。

这些年来，中央制定了多个法规，对于完善工作协调机制、加强议事协调加以规范。2008 年 4 月 29 日，国务院办公厅发布《关于施行〈中华人民共和国政府信息公开条例〉若干问题的意见》，对于"建立政府信息发布协调机制问题"作出如下规定："各级人民政府信息公开工作主管部门要组织、协调有关行政机关建立健全政府信息发布协调机制，形成畅通高效的信息发布沟通渠道。行政机关拟发布的政府信息涉及其他行政机关的，要与有关行政机关沟通协调，经对方确认后方可发布；沟通协调后不能达成一致意见的，由拟发布该政府信息的行政机关报请本级政府信息公开工作主管部门协调解决。"

党的十八大报告中提到，要"扩大有序参与、推进信息公开、加强议事协商、强化权力监督为重点，拓宽范围和途径，丰富内容和形式，保障人民享有更多更切实的民主权利。……推进权力运行公开化、规范化，完善党务公开、政务公开、司法公开和各领域办事公开制度"。党的十八大报告中的这些重要论述，也为我国新闻发布工作和新闻发布制度的进一步发展提出了新的要求。

国务院办公厅《关于在政务公开工作中进一步做好政务舆情回应的通知》从责任主体的区分和组织协调的角度对政务舆情回应工作提出指导意见："对涉及国务院重大政策、重要决策部署的政务舆情，国务院相关部门是第一责任主体。对涉及地方的政务舆情，按照属地管理、分级负责、谁主管谁负责的原则进行回应，涉事责任部门是第一责任主体，本级政府办公厅（室）会同宣传部门做好组织协调工作；涉事责任部门实行垂直管理的，上级部门办公厅（室）会同宣传部门做好组织协调工作。对涉及多个地方的政务舆情，上级政府主管部门是舆情回应的第一责任主体，相关地方按照属地管理原则进行回应。对涉及多个部门的政务舆情，相关部门按照职责分工做好回应工作，部门之间应加强沟通协商，确保回应的信息准确一致，本级政府办公厅（室）会同宣传部门做好组织协调、督促指导工作，必要时可确定牵头部门；对特别重大的政务舆情，本级政府主要负责同志要切实负起领导责任，指导、协调、督促相关部门做好舆情回应工作。"

2016 年 11 月 10 日，国务院办公厅印发《〈关于全面推进政务公开工作的意见〉实施细则》，对加强各地区各部门政府网站之间协同联动以便做好政务公开工作提出明确要求："打通各地区各部门政府网站，加强资源整合和开放共享，提升网站的集群效应，形成一体化的政务服务网络。国务院通过中国政府网发布的对全局工作有指导意义、需要社会广泛知晓的重要政策信息，国务院各部门和地方各级政府网站要即时充分转载；涉及某个行业或地区的政策信息，有关部门和地方网站应及时转载。国务院办公厅定期对国务院部门、省级政府、市县政府门户网站转载情况进行专项检查。要加强政府网站与主要新闻媒体、新闻网站、商业网站的联动，通过合办专栏专版等方式，提升网站的集群和扩散效应，形成传播合力，提升传播效果。地方主流媒体及其新媒体负责人列席有关会议，进一步扩大政务公开的覆盖面和影响力。"

建立会商研判和协同响应机制对于应急管理来说尤其重要。2019 年 9 月 18 日，在国新办举行的新闻发布会上，时任应急管理部副部长孙华山、郑国光等介绍了我国应急管理事业改革发展的相关情况。孙华山告诉记者："新成立的应急管理部与 32 个部门和单位建立了会商研判和协同响应机制，建立了军地应急救援联动机制，探索形成了一套行之有效的抢险救援技战术打法，有力有序有效应对了一系列超强台风、严重洪涝灾害、重大堰塞湖、重大森林火灾、特大山体滑坡和严重地震灾害，成功实施了各类重特大事故救援行动，把各种灾害和事故损失降到最低。"[1]

要做到协同响应不是各个部门承担一样的责任，而是要分清主次，各司其职。比如，突发事件舆情处置的主体应该是负有直接管理监督责任的

---

[1] 姚亚奇：《我国应急管理更加科学高效》，载于《光明日报》2019 年 9 月 19 日。

职能部门，而不是事发地的宣传部门和网信部门。过去一些地方政府机构认为宣传部门是舆情处置的主体，因此一有负面事件发生，所有责任都推向宣传部门。对此一位地方政府主管宣传工作的负责人就表达了自己的意见："各级政府机构要转变传统观念，树立'大外宣'理念，让宣传部门从运动员回归到教练员，从消防队回归到教导队，主要承担训练、指导和协调任务，让各相关部门切实承担起舆情应对的职责。只有这样才能权责明确，各司其职，共同应对，化解危机。"①

无论是常态情况下的公共管理还是危机状态下的应急管理，各级党委也对公共行政和应急管理负有组织和协调责任。2019年4月19日，习近平总书记主持召开中央政治局会议，审议通过《中国共产党宣传工作条例》，2019年6月29日，党中央印发了该条例。这个条例规定各级党委宣传部承担的工作职责中包括"统筹分析研判和引导社会舆论，指导协调新闻单位工作，协调开展新闻发布工作"，还包括"统筹指导舆情信息工作"以及"负责宣传工作的内容建设和口径管理"。

二、在新闻发布会上所有发布人必须立场一致口径一致

如何进行协商？由哪个部门来主持和发起协商呢？在国务院层面，涉及国务院多个部门职责的事项，往往由国务院批准建立部际联席会议，以便协商办理涉及国务院多个部门职责的事项，各成员单位按照共同商定的工作制度，及时沟通情况，协调不同意见，以推动某项任务顺利落实。国家也规定，建立部际联席会议，应当从严控制。可以由主办部门与其他部门协调解决的事项，一般不建立部际联席会议。部际联席会议的建立均须履行报批手续，具体由牵头部门请示，明确其名称、召集人、牵头单位、

---

① 侯迎忠：《地方政府新闻发布绩效评估的实证研究——以广东佛山市为例》，载于《暨南学报》（哲学社会科学版）2014年第12期。

成员单位、工作任务与规则等事项，经有关部门同意后，报国务院审批。部际联席会议工作任务结束后，应由牵头部门提出撤销申请，说明部际联席会议的建立时间、撤销原因等，经成员单位同意后，报国务院审批。新建立的部际联席会议，由国务院领导同志牵头负责的，名称可冠"国务院"字样，其他的统一称"部际联席会议"。部际联席会议不刻制印章，也不正式行文。如确需正式行文，可以牵头部门名义、使用牵头部门印章，也可以由有关成员单位联合行文。

为了完成某项特殊性或临时性任务，国务院还设有议事协调机构。国务院议事协调机构承担跨国务院行政机构的重要业务工作的组织协调任务，其设立、撤销或者合并由国务院机构编制管理机关提出方案，报国务院决定。国务院议事协调机构议定的事项，经国务院同意，由有关的行政机构按照各自的职责负责办理。在特殊或者紧急的情况下，经国务院同意，国务院议事协调机构可以规定临时性的行政管理措施。无论是中央还是地方，议事协调机构的设立应当严格控制，一般不设实体性办事机构，不单独确定编制，所需要的编制由承担具体工作的行政机构解决；可以交由现有机构承担职能的或者由现有机构进行协调可以解决问题的，不另设议事协调机构。为办理一定时期内某项特定工作设立的议事协调机构，应当明确其撤销的条件和期限。①

需要专门建立部际联席会议和议事协调机构进行协商的事务毕竟占少数，大多数时候，涉及多个部门的事务，一般由主办部门及时主动召集协办部门进行协商，协办部门应当予以配合。中央编委制定的《中央和国家机关部门职责分工协调办法》对此规定，"已明确工作牵头部门的，以牵头部门为协商工作的主办部门；工作有多个牵头部门的，以排在第一位的牵头部门为协商工作的主办部门。尚未明确工作牵头部门的，以首先对职

---

① 《国务院办公厅关于部际联席会议审批程序等有关问题的通知》，中国政府网，https://www.gov.cn/gongbao/content/2003/content_62316.htm。

责分工提出异议且建议共同协商的部门为协商工作的主办部门。其他相关部门是协商工作的协办部门。""协商会议应当由主办部门负责同志主持召开，提前通知与会部门，并告知协商事由。"协办部门当然也并非永远处于被动状态，上述办法也规定，"协办部门或者相关部门可以主动向主办部门提议协商。"不同部门对同一事项的管理职责有争议时，或者不同部门对同一事项均具有管理职责，但在实际工作中就各环节的职责分工有争议的，中央机构编制部门应当受理争端，做出裁决。

部门与部门之间的协商结束后，剩下的就是部门内部的协商了。这时候最重要的工作就是拟定在新闻发布会上回答记者问题的口径。敏感问题的口径，常需要请示高层领导或与其他部门会商。

新闻发布团队在拟定和协商口径时作用是很重要的。比如外交部新闻司就有个新闻发布处，现为发言人办公室，是发言人的日常办事机构，有数十名工作人员，专门负责协助发言人工作，除负责组织新闻发布会、处理与新闻发布会和电话回答记者提问等事务外，其主要工作就是为国家领导人和部领导出访及举办记者招待会准备口径。因为整天都在准备口径，有人将这个处称为"口径处"。

外交部发言人的表态口径的产生过程是很复杂很严谨的，首先是外交部发言人每个工作日和发言人办公室的工作人员一起预测在下一次记者会上记者可能会提出的问题，然后草拟答问口径，接着要将这些问题连同口径草稿发到外交部有关地区业务司会签。在各司，先由主管人员和处长审阅修改，然后交司领导审改。有些口径还需要报部领导审定。如果涉及其他部委，还需送交有关部委会签。有些重要口径，需经过中央批准。比如钱其琛1982年3月26日在外交部大厅发布的三句话就是报邓小平审定的。①

外交部发言人在主持发布会时，发言人都会携带一本名为"口径夹"的厚本子，里面是外交部发言人对国际事件的表态口径，供发言人在发布

---

① 李建英：《外交部发言人制度是怎样建立的》，载于《纵横》2017年第8期。

台上随时查阅作答。其中每条口径的出炉都有着严谨且复杂的过程：首先是外交部新闻司新闻发布处草拟，报司领导批准，再报部领导阅批，如果是重大事件表态，还需更高层的领导拍板。①

三、信息应先汇集到新闻发布机构再由其统一对外发声

不仅不同部门之间要建立联动机制协商机制，同一个部门的不同下属部门和分支机构之间也要建立起联动机制和协商机制，以加快内部信息的互联互通，保障对外口令的协调一致。

以国防信息公开为例，现在我军已经逐步建立起全军新闻发布"联合作战"体系。在军队层面，建立覆盖军委机关、军兵种和战区的全军信息发布工作协调机制，实现军队信息快速流转；在国家层面，在中宣部统一指导下，加强与中央国家机关沟通对表，做到军地协调作为、协同发力；在"外援"层面，重视团结运用新媒体、网络大 V 和智库专家等力量，使他们成为军队声音的"扩音器"。②

中国军方的这一做法也是符合国际上的先进经验的。西方国家需要发布军务信息时，要么由国防部长或指挥员本人直接说，要么由新闻发言人对外发布。在西方，对军队指挥员的"发声"管理十分严格，作为军人，不能随便对媒体发布军务信息，他们实行的一般是统一发声。

四、给应急管理部门报送突发事件信息同时抄送宣传部和公安局

有些地方政府部门在新闻发布工作实践中采用给协作部门发通报表的

---

① 若拙：《我所见到的外交部发言人》，上观新闻，2014 年 9 月 24 日。
② 吴谦：《以习近平新时代中国特色社会主义思想为指导　推动国防部新闻发布制度建设的实践与思考》，2018 中国新闻发言人论坛主旨演讲，2018 年 11 月 25 日。

形式来互相通气。上海市政府新闻办有一种工作表格"舆情通报表",如果有某个政务问题可能引发政务舆情,新闻办就会给这个部门发一份"舆情通报表",告知该部门几月几号在什么媒体上有关于该部门的什么舆情,要求该部门核实,同时提出希望该部门在三个小时内反馈。以前这样的舆情监测结果只报给市里的相关领导,不报给相关的委办局,容易产生一个问题,即常常是市里的领导知道了有某委办局的舆情,涉事委办局的局长主任不知道这个舆情。所以后来新闻办改革了流程,在给市领导报舆情的同时,也把同样的舆情报告报给相关的委办局。其实还可以增加两个报送部门,即应急办和公安局。

突发事件发生后,事发地政府部门应该在一小时内报告政府应急管理部门,同时抄送宣传部和公安局。宣传部门可以早一点介入舆论影响的工作,公安局可以介入治安相关工作。

第七节 完善新闻发布机构网络舆情监测预测报告回应机制

一、上接天线,下接地气;下情上报,上情下达

未来的新闻发言人不仅要对下发布,也要对上发布,对下发布上情,对上发布下情。

作为新闻发言人及其团队,必须每日跟踪各方面的信源才能为做好新闻发布工作奠定基础。新闻发言人及其团队不仅要跟踪上级的政策法规的最新变化,以及国家领导在各种会议上的讲话和指示,也要跟踪境内外媒体的舆论和网络媒体手机媒体上的舆情信息。

新闻发布工作团队既要掌握本系统本部门外部的信息,也要通过信息

联络员和信息通报机制等途径和手段及时掌握本系统本部门内部的信息，并且要及时将这些信息汇总提炼后提交给新闻发言人作为参考和拟定新闻发布口径的依据。

跟踪信源，就是要求发言人想方设法掌握让你的发言百无一失的所有准确及时的信息。正如美国第四任总统麦迪逊在 1822 年曾说过："一个缺乏广泛信息或者收集这些信息渠道的政府只能导致闹剧、悲剧或者两者皆有。"①

发言人跟踪信源，一是列席重要的会议，见证重大决策的早期讨论和产生过程；二是每日追踪媒体的报道，了解舆论的热点和焦点问题；三是到事发现场进行调查，获取信息；四是与其他人和其他部门协调口径。

以外交部为例，收集国际国内重大信息，进行国际问题调研是外交部新闻司工作的一个重要组成部分。新闻司是外交部领导和中央领导的耳目，这里 30 多个 20 来岁的年轻人每年 365 天、每天 24 小时追踪世界各大电视台、通讯社和媒体的报道，收集公众对我国外交工作的反应，将世界每一个媒体、每一个角落发生的事件和新闻在第一时间送达相关领导。②

广东省东莞市委宣传部主导开发了具有自主知识产权的舆情督办系统，使舆情处置实现自上而下的垂直管理，电脑和手机终端适时快速响应、有迹可查、责任明晰，同时还依托大数据的客观量化评判，科学排名，鞭打快牛，互相借鉴，力争抢占舆情处置宝贵的"黄金半小时"。

二、兼顾笔头批示和口头指示

新闻发言人及其团队首先要跟踪的信源，包括国家的法律法规、党和政府的红头文件、上级领导的亲笔批示和上级领导参加会议时的发言讲话以及调研考察时的口头指示。

---

① ［美］苏丽文：《政府的媒体公关与新闻发布》，清华大学出版社 2005 年版，第 2 页。
② 《走近中国外交部发言人 准备充分所以会应对自如》，新浪网，https：//news. sina. cn/w/2005－06－10/12126136542s. shtml。

新闻发言人必须及时消化领悟并视情况调整更新新闻发布口径库。上海市政府原新闻发言人焦扬就经常把新闻发布口径抄录在一个个小纸条上作为最新最权威的标准口径指南。2007 年 7 月 11 日，时任上海市政府新闻发言人的焦扬在接受央视《新闻会客厅》采访时曾经说，"比如市长在人大的工作报告，或者市委书记在党代会上的工作报告，他们阐述的都是上海近阶段或者接下来的一个阶段的发展的目标、大政方针、重大原则和一些重要的纲领性的提法。发言人必须把这些吃透，必须要懂大局，了解方针政策，所以每个报告拿到手里我绝不是看一遍就放下，而是会反复看，把要点圈出来画出来，觉得特别重要的，比如有些民生问题，有些产业发展的方针问题，我会在旁边做个小标签，便于我一下翻得到。"

三、监测预测舆情舆论，报告回应民心民意

信息公开和新闻发布应是双向的，媒体和公众的舆情信息也需要向决策者公开。

由于每天的舆情信息数据太庞大，内容太庞杂，决策者在技术上、能力上和时间上都不可能及时消化这些信息，所以他掌握的只是片面的信息，非经过专门机构和专业人员的监测、研判、筛选和报送，决策者实际上处于信息的蒙蔽状态。

目前来看，向决策者通报尽可能全面完整的舆情信息的任务，最好由新闻发布部门和新闻发言人团队来负责完成。

新闻发布部门和新闻发言人团队必须高度重视舆情监测、研判、报告和回应工作。要通过舆情监测和舆论，防止负面舆论裹挟民意，引发群众的过激情绪和群体性的极化心态。要采用专业舆情软件和专业人员重点浏览相结合的方法来监测舆情，舆情工作的基本环节包括舆情监测、舆情研判、舆情预测、舆情报告和舆情回应等方面。

网络舆情，是指由于各种事件的刺激而产生的通过互联网传播的人们

对于该事件的所有认知、态度、情感和行为倾向的集合。一般来说，三分之一的舆情风暴会在一周内消退，六成的舆情风暴会在两周内消退，九成的舆情风暴不会超过一个月。

网络舆情的搜集方法包括定向搜集、追踪搜集、随机搜集、预测搜集和系统搜集等。定向搜集应用于目的明确、内容确定的信息。追踪搜集主要针对突发事件的动态变化。随机搜集先不设目的而是逐渐明确方向。预测搜集推断可能发生的舆情最后比对是否发生。系统搜集的程序是设定目标、确定内容、制定计划和系统搜集。

网络舆论，是在网络空间里公众对于特定社会事物公开表达的有一致性的意见或态度。一个社会的整体维系和稳定，健康发展的舆论是不可或缺的重要力量。

网络舆论并非在任何时候都是正确的，舆论虽然是公众意志倾向的集中表达，但由于公众认识水平等自身条件的限制和外在客观条件的影响，某些特殊情况下，真理可能掌握在少数人手中，这时舆论就可能代表错误倾向，甚至扼杀真理。

近年来，在加强舆情监测研判和舆论引导方面，中央不断加大制度供给力度，提出了越来越具体的工作指导意见。

2013年10月1日，国务院办公厅发布《国务院办公厅关于进一步加强政府信息公开回应社会关切提升政府公信力的意见》，对"健全舆情收集和回应机制"提出要求："各地区各部门要建立健全舆情收集、研判和回应机制，密切关注重要政务相关舆情，及时敏锐捕捉外界对政府工作的疑虑、误解，甚至歪曲和谣言，加强分析研判，通过网上发布消息、组织专家解读、召开新闻发布会、接受媒体专访等形式及时予以回应，解疑释惑，澄清事实，消除谣言。回应公众关切要以事实说话，避免空洞说教，真正起到正面引导作用。有关主管部门要进一步加大网络舆情监测工作力度，重要舆情形成监测报告，及时转请相关地方和部门关注、回应。"

2016年8月12日，国务院办公厅印发《国务院办公厅关于在政务公开工作中进一步做好政务舆情回应的通知》，要求各级政府及其部门要高度重视政务舆情回应工作，切实增强舆情意识，建立健全政务舆情的监测、研判、回应机制，落实回应责任，避免反应迟缓、被动应对现象。要进一步明确政务舆情回应责任，把握需重点回应的政务舆情标准，提高政务舆情回应实效。这些文件都要求新闻办公室要负责对舆情进行监测、研判、报告和回应。这份通知对于"建立政务舆情回应激励约束机制"也提出明确要求："各地区各部门要将政务舆情回应情况作为政务公开的重要内容纳入考核体系。各级政府办公厅（室）要定期对政务舆情回应的经验做法进行梳理汇总，对先进典型以适当方式进行推广交流，发挥好示范引导作用；对工作落实好的单位和个人，按照有关规定进行表彰。要建立政务舆情回应通报批评和约谈制度，定期对舆情回应工作情况进行通报，对工作消极、不作为且整改不到位的单位和个人进行约谈；对不按照规定公开政务，侵犯群众知情权且情节较重的，会同监察机关依法依规严肃追究责任。"

2016年11月10日，国务院办公厅印发《〈关于全面推进政务公开工作的意见〉实施细则》，对于"分析研判舆情回应社会关切"提出了更加明确的要求：对于舆情回应的主体，规定"涉事责任部门是第一责任主体。对涉及国务院重大政策、重要工作部署的政务舆情，国务院相关部门是回应主体；涉及地方的政务舆情，属地涉事责任部门是回应主体；涉及多个地方的政务舆情，上级政府主管部门是回应主体。政府办公厅（室）会同宣传部门做好组织协调工作"。

对于舆情收集的重点，上述文件规定"重点了解涉及党中央国务院重要决策部署、政府常务会议和国务院部门部务会议议定事项的政务舆情信息；涉及公众切身利益且可能产生较大影响的媒体报道；引发媒体和公众关切、可能影响政府形象和公信力的舆情信息；涉及重大突发事件处置和自然灾害应对的舆情信息；严重冲击社会道德底线的民生舆情信息；严重危害社会秩序和国家利益的不实信息等"。

对于如何做好研判处置，上述文件规定"建立健全政务舆情收集、会商、研判、回应、评估机制，对收集到的舆情加强研判，区别不同情况，进行分类处置。对建设性意见建议，吸收采纳情况要对外公开。对群众反映的实际困难，研究解决的情况要对外公布。对群众反映的重大问题，调查处置情况要及时发布。对公众不了解情况、存在模糊认识的，要主动发布权威信息，解疑释惑，澄清事实。对错误看法，要及时发布信息进行引导和纠正。对虚假和不实信息，要在及时回应的同时，将涉嫌违法的有关情况和线索移交公安机关、网络监管部门依法依规进行查处。进一步做好专项回应引导工作，重点围绕'两会'、经济数据发布和经济形势、重大改革举措、重大督查活动、重大突发事件等，做好舆情收集、研判和回应工作"。

对于提升回应效果，上述文件规定"对涉及群众切身利益、影响市场预期和突发公共事件等重点事项，要及时发布信息。对涉及特别重大、重大突发事件的政务舆情，要快速反应，最迟要在 5 小时内发布权威信息，在 24 小时内举行新闻发布会，并根据工作进展情况，持续发布权威信息，有关地方和部门主要负责人要带头主动发声"。

近年来全国各地在网络舆情监测研判报告回应这一领域出现了很多创新性的做法值得借鉴。以深圳为例，早在 2007 年 4 月 28 日，深圳罗湖就开通了全国首家由区级党委政府创建、立足社区、面向居民、以交互式论坛为主要互动平台的社区网站罗湖社区家园网。2013 年，罗湖又在家园网的基础上在全市率先开通"罗湖区舆情综合处置平台"，采用舆情处置"收集—处置—引导—督办"工作流程，让全区 247 家单位的网络发言人全部进驻，这些单位包括区—街道办事处、区直及驻区单位—社区工作站、区属学校及教育机构、医疗卫生机构和辖区派出所等，将舆情处置端口进一步前移，让问题化解在基层，解决在萌芽状态。市民在家园网上发问或是咨询，或者是在别的平台上提问而被家园网以转帖形式转发，网络发言人及其所在单位要以实名回应并公开处置结果。

2014 年 9 月，新改版的"家园网"微信平台亮相，市民可直接用微信发帖，微信平台的另一头是罗湖区各个政府部门、街道和公共服务机构的200多位网络发言人，其个人微信账号均与罗湖区舆情平台相绑定，如果有网民反映问题，相关部门或街道的网络发言人马上就会收到一条微信"你有一条未处理舆情"。

2015年4月2日，中央网络安全和信息化领导小组办公室和国家互联网信息办公室在第101期《互联网信息研究参考》中就提到罗湖区的家园网，并点评"在移动互联网时代大背景下，主动通过对论坛、微博、微信、报纸、电视媒体等媒体的充分利用，构建了辖区内公共议事平台和舆情反馈平台，形成了民意反馈的长效机制"。[①]

四、人机互补，动静互助；内外兼顾，喜忧兼报

舆情监测是舆论引导的基础，只有对网络舆情进行系统全面的检测、收集、分类，进而通过分析和研判来掌握舆情的发展走向、舆论热点和媒体关注焦点，才能做到及时有效预警与化解舆情危机，维护社会和谐稳定。具体来说要做到以下四个方面。

人机互补。近年来，利用网络技术进行舆情监测的计算机软件不断研发创新，但是没有任何一种软件能捕捉到100%的舆情信息，都难免存在信息监测漏洞和盲点，利用人工监测来弥补计算机软件监测的不足就显得十分必要。人工监测能够发挥人的主观能动性，在事前对可能诱发舆情的信息进行风险评估，并在舆情出现后及时汇总上报，从而实现涉检舆情信息的尽早发现、尽早报告、尽早处置、尽早化解。[②]

动静互助。静态监测是指在规定的某一时间点所搜集和整理的相关网络舆情。动态监测是指对特定的舆情的观点和走向进行长时间段或多个时

---

① 米燕、贺达源、陈思福：《深圳新闻发言人这5年时间都发了什么言？》，载于《南方都市报》2015年5月18日。

② 曲立春：《建立信息监测机制预警涉检舆情》，载于《检察日报》2013年12月16日。

间点的动态监测。网络舆情具有一定的生命周期，都经历从发端发酵到退潮定格的过程。实行静态监测与动态监测相结合，增加舆情监测的时间跨度和节点次数，可以为舆情研判和处置提供更全面翔实的数据。

内外兼顾。网络信息的纷繁复杂决定了仅靠有关单位和部门单方面的力量是难以全面监测的。有关单位和部门可以探索建立内外叠加监测机制，例如聘任兼职网络评论员，搜集、整理与自身相关的舆情信息；或者与有影响力的融媒体机构、平台网站或相关专业技术人员建立稳定联系，共同来监测网络舆情，或建立信息共享互通机制。

喜忧兼报。不管是顺耳的好听的舆情，还是逆耳的难听的舆情，都要一视同仁一并报告，这样才能让报告的阅读者掌握全面准确客观真实的舆情信息和舆论走向。不能戴着滤镜进行过滤，把逆耳的难听的舆情进行删除后，只保留顺耳的好听的一面之词。

关于喜忧兼报，1999 年 2 月 9 日中办发布的《关于进一步加强信息工作的意见》早就提出"要喜忧兼报，既报喜又报忧。反映问题的信息既要报给本级党委，也要报给上级党委和中央。党委办公厅（室）要敢于报忧，各级党委要支持信息工作人员报忧。对敢于如实报忧的部门和人员，要支持鼓励，绝不允许有任何歧视和打击报复，绝不能报喜得喜、报忧得忧。上级党委办公厅（室）要定期抽查报忧情况，对瞒忧不报的，先进行提示；如仍无改变，要向党委直接报告；如这样仍见效不大，要在一定范围内通报批评。对阻挠报忧的，要进行批评教育，造成后果的要追究有关领导的责任"。

五、研判舆情，参与决策

新闻发言人参加高层决策会议时，在决策者面前应该是民意的传声筒，应该负责把自己团队通过舆情监测预测手段获得的信息和对信息的判断简明扼要地发布给决策者，甚至可以提供若干可供选择的决策方案供决策者选择。

信息公开和新闻发布是双向的，媒体和公众的舆情信息也需要向决策者公开。由于每天舆情信息数据太庞大，内容太庞杂，决策者在技术上、能力上和时间上都不可能及时消化这些信息，所以他掌握的只是片面的信息，非经过专门机构和专业人员的监测、研判、筛选和报送，决策者实际上处于信息的蒙蔽状态。而这个向决策者发布舆情信息的任务，目前来看，最好由新闻发布部门和新闻发言人团队来担纲负责。新闻发布，不仅是向公众发布官方已经作好了的决策，还需要在决策者作决策前向决策者发布源自媒体和公众的舆情信息，这样可以保证决策者所作的决策更接地气，更容易在对外公布后获得公众的认同和服从。

网络舆情的研判是对网络媒体上舆情的定性与定量给出的一种价值和趋向判断的过程。网络舆情的研判工作是一项系统工程，主要由两部分组成：一是对网络舆情进行日常性和持续性跟踪与搜集，并在此基础上建立网络舆情信息库，具有长期性、稳定性、系统性的特点。二是针对某一突发事件或某一特定任务进行有针对性的研判工作，一旦该任务完成则舆情活动便随之结束，具有针对性、临时性、专题性的特点。网络舆情分析研判是对网络信息进行科学采集、上报、归并、整理、汇总、分析和预警信息发布等，从而得出精准的研判结论。

具体来说，网络舆情的研判包括以下步骤：一是来源分析。研判人员应首先占有海量信息，确定其在舆情事件中可能存在的潜在价值。二是真伪分析。研判人员必须剔除虚假舆情，排除其对真实舆情的干扰。三是归类分析。迅速对事件性质进行判定可以使网络舆情研判有的放矢，并可借鉴类似舆情事件的处置经验。四是指向分析。舆情分析研判的目的在于最后的研判结论，给政府相关部门提供处置措施和咨询参考意见。五是矫正分析。舆情研判的结果与实际并不总是完全吻合的，但对于错误的研判要实施矫正，使舆情研判更加精确。①

---

① 程亮：《网络舆情研判机制的内容与流程》，载于《中国记者》2010年第2期。

当前的网络舆论环境是"人人都有麦克风，人人都是发言人"。很多基层干部不了解网络和网民的力量，在应对时往往措手不及，全无章法，导致一些原本可以及时化解的局部性纠纷被网络放大，最后演变为席卷全国的舆论风波。

一位网警曾经这样总结面对网络上变幻莫测的舆论环境应该如何保持清醒的头脑作出理智的判断："在网民的骂声中听取诤言，在咒语中体察民情，在板砖中提高公信力，在网民监督下做好工作。"①

不准确的信息并不等于谣言，如果把公众反对政府部门的批评意见视作谣言进行打击，这就大错特错。假若此口一开，其结果必然造成滥用权力，对网络言论进行随意封杀。

六、筛选信息，集零为整

信息存在于社会生活的各个方面。原始、分散的信息只有经过整理加工，才能成为系统的、有条理的信息。新闻发言人及其团队要重视信息的整体开发和综合利用，发挥好信息"加工厂"的作用，不仅对信息进行初加工，而且要进行深加工，在加工中使信息增值。

1999年2月9日，中办发布《关于进一步加强信息工作的意见》，提出"要在广泛收集中央和各级党委需要的各种信息的基础上，加强信息的整体开发。要善于对大量零散、孤立的信息进行归纳整理，从整体上开发其深层价值，使之成为对中央和党委决策有重要参考作用的高层次信息。要沙里淘金，从大量初级信息中筛选有用信息，从每一条信息中挖掘有用部分；要集零为整，将分散在各条信息中有价值的内容聚合起来，综合成为完整有用的信息；要变缺为全，对内容不具体、不完整的信息通过调查研究进行补充拓展，使之完整具体；要化浅为深，从大量信息中找出带有

① 武和平：《在网民骂声中听取诤言》，载于《中国青年报》2012年4月15日，第3版。

规律性、普遍性、倾向性的问题，抓住事物的本质。上报中央和党委的信息，要先确定信息的用途，看看它对中央和党委工作有没有参考价值，属不属于上报的范围；要把那些不准确的、有水分的、人为掺杂进去的内容去掉，留下为中央和党委所需的真实情况；要搞好分析判断、归纳综合，把大量零碎、分散的信息加以归纳整理，作出量的分析和质的判断，并从整体上揭示某一方面工作的总体态势。信息编写要开门见山，用语准确，朴实自然，达到信息内容与形式的和谐统一，准确反映事物原貌"。

2013年9月，工信部教育与考试中心联合全国网络舆情技能水平考试管理中心开始颁发"网络舆情分析师"的岗位证书，这是形势使然，也预示着网络舆情监测研判报告回应工作在新闻发布工作中的份量会越来越重。

七、灵活使用简报摘报专报综报等多种信息报告样式

网络舆情信息编报的种类包括简要快报（简报）、摘要编报（摘报）、专刊编报（专报）和综合编报（综报）。新闻办公室可以灵活选用快报、摘报、专报和综报等舆情报告方式来报告舆情。

网络舆情编报的定密处理办法是按涉密情况分为秘密级舆情编报、机密级舆情编报、绝密级舆情编报。以下是网络舆情信息简要快报（简报）、摘要编报（摘报）、专刊编报（专报）和综合编报（综报）的参考工作表格。

网络舆情信息简报

密级		
网络舆情信息简报（×年第×期）		
（单位名称）		年　月　日
信息简述一		
信息简述二		
信息简述三		
报：		
送：		
撰稿	审稿	审批

网络舆情信息摘报

密级 网络舆情信息摘报（×年第×期） （单位名称）　　　　　　　　　　　　　　　　　年　月　日 目录 【国内信息】 【国际信息】 【本地信息】 报： 送： 撰稿　　　　　　　审稿　　　　　　　审批

网络舆情信息专报

密级 网络舆情信息专报（×年第×期） （单位名称）　　　　　　　　　　　　　　　　　年　月　日 （标题） （信息主体） （原文附后） 报： 送： 撰稿　　　　　　　审稿　　　　　　　审批

网络舆情信息综报

密级 网络舆情信息综报（×年第×期） （单位名称）　　　　　　　　　　　　　　　　　年　月　日 （标题） （信息主体概括描述） 观点一（论述） 观点二（论述） 观点三（论述） 报： 送： 撰稿　　　　　　　审稿　　　　　　　审批

第八节　完善决策前的媒体吹风机制和
决策后的政策解读机制

在一些地方和部门，新闻发言人往往没有资格参加高层决策会议，对决策的意图、预期达到的目的、相关利益方的权衡等知之甚少，这就导致新闻发言人在面对记者提问、解释为何要如此制定政策时显得捉襟见肘，更谈不上在正式决策和政策出台前提前向媒体吹风，让媒体帮助测试公众舆论反应和舆论压力，为政策正式出台做好必要的舆论动员。

新闻发布工作的重点之一是做好重要会议、重要活动、重要决策部署、重要政策颁布的事前吹风和事后解读。事前吹风可以通过媒体报道来试探公众对拟出台的政策的预期和反应，帮助官方把握舆论的方向测试舆论的压力，为最后出台政策建立民意基础。事后解读可以通过媒体报道向公众发布对官方正式出台的政策的权威解读和出台背景，帮助公众更准确地理解政策的关键要点及其与自己的利害关系。

一、媒体吹风会

从 2015 年 1 月 16 日开始，国务院新闻办首次举办国务院政策例行吹风会，此后形成了在每周五召开例行政策吹风会的惯例。国务院政策例行吹风会实现了国务院新闻办平台上的新闻发布从"事件化"向"常态化"的转变，以往根据重大政治活动组织和召开新闻发布会的做法，被更新完善为更加重视政策吹风。这是中央政府在政治传播方面的一种积极尝试。①

---

① 周庆安、张珂：《宣示、解释与现场再现——2015 年中国政治传播和新闻发布的进展与挑战》，载于《新闻与写作》2015 年第 12 期。

国务院政策例行吹风会为国际社会深度了解中国打开了一个窗口，从而把更多原汁原味的中国故事、中国解读传递给国际社会。

按照最初的制度设计，国务院政策例行吹风会的举办时间是每周五上午10点，除因节假日等特殊情况外都坚持举行。国务院政策例行吹风会主要解读国务院重要会议、重大部署和政策的出台，介绍中国的经济社会发展情况。

从2015年1月16日至2015年12月11日，国务院新闻办共举办39场国务院政策例行吹风会，近70名省部级领导出席了会议。39次吹风会中有27次是解读刚刚召开的国务院常务会的相关内容。吹风会邀请的对象大多是与吹风会主题高度相关的部委的副部级以上领导，有时也会请部委的业务司局领导或者地方的相关负责人出席。

2016年4月2日，国务院办公厅印发《2016年政务公开工作要点》，提出让更多相关方列席有关决策会议，做好重大决策预公开，在决策前向公众征求意见："探索建立利益相关方、公众、专家、媒体等列席政府有关会议制度。各级行政机关特别是市县两级政府要积极实行重大决策预公开，扩大公众参与，对社会关注度高的决策事项，除依法应当保密的外，在决策前应向社会公开相关信息，并及时反馈意见采纳情况。推行医疗卫生、资源开发、环境保护、社会保障等重大民生决策事项民意调查制度。"

2016年11月10日，国务院办公厅印发《〈关于全面推进政务公开工作的意见〉实施细则》，对"召开媒体通气会"做好政务公开工作提出了明确的要求："各级政府及其部门要在立足政府网站、政务微博微信、政务客户端等政务公开自有平台的基础上，加强与宣传、网信等部门以及新闻媒体的沟通联系，充分运用新闻媒体资源，做好政务公开工作。要通过主动向媒体提供素材，召开媒体通气会，推荐掌握相关政策、熟悉相关领域业务的专家学者接受媒体访谈等方式，畅通媒体采访渠道，更好地发挥新闻媒体的公开平台作用。积极安排中央和地方主流媒体及其新媒体负责人列席有关会议，进一步扩大政务公开的覆盖面和影响力。"

这个文件还对"举办国务院政策例行吹风会"提出了明确的要求："国务院政策例行吹风会是解读重大政策的重要平台，各部门要高度重视，主要负责人要积极参加，围绕吹风会议题，精心准备，加强衔接协调，做到精准吹风。对国际舆论重要关切事项，相关部门主要负责人要面向国际主流媒体，通过集体采访、独家访谈等多种形式，深入阐释回应，进一步提升吹风会实效。遇有重大突发事件和重要社会关切，相关部门主要负责人要及时主动参加吹风会，表明立场态度，发出权威声音。对各部门主要负责人参加国务院政策例行吹风会的情况要定期通报。"

二、请权威专家和媒体名嘴对重要政策进行通俗解读

2013 年 10 月 1 日，国务院办公厅发布《国务院办公厅关于进一步加强政府信息公开回应社会关切提升政府公信力的意见》，要求将"做好重要政策法规解读"作为进一步加强新闻发言人制度建设的重点目标之一："要以主动做好重要政策法规解读、妥善回应公众质疑、及时澄清不实传言、权威发布重大突发事件信息为重点，切实加强政府新闻发言人制度建设，提升新闻发言人的履职能力，完善新闻发言人工作各项流程，建立重要政府信息及热点问题定期有序发布机制，让政府信息发布成为制度性安排。"

这个文件还对"建立专家解读机制"提出要求："重要政策法规出台后，各地区各部门要及时组织专家通过多种方式做好科学解读，让公众更好地知晓、理解政府经济社会发展政策和改革举措。有关部门可根据工作需要，组建政策解读的专家队伍，提高政策解读的针对性、科学性、权威性和有效性，让群众'听得懂'、'信得过'。"

2016 年 4 月 2 日，国务院办公厅印发《2016 年政务公开工作要点》，对官方出台政策后主动做好政策解读工作的具体办法和时效性提出明确指导意见："出台重要政策，牵头起草部门应将文件和解读方案一并报批，相关解读材料应于文件公开后 3 个工作日内在政府网站和媒体发布。对涉

及面广、社会关注度高的法规政策和重大措施,各地区各部门主要负责人应通过参加新闻发布会、接受访谈、发表文章等方式带头宣讲政策,解疑释惑,传递权威信息。省级政府、与宏观经济和民生关系密切的国务院部门主要负责人,年内解读重要政策措施不少于1次。加强专家库建设,为专家学者了解政策信息提供便利,更好地发挥专家解读政策的作用。要针对不同社会群体,采取不同传播策略,注重运用各级各类新闻媒体,特别要重视发挥主流媒体及其新媒体'定向定调'作用,及时全面准确解读政策,增进社会认同。"

这份文件还对官方出台政策后主动做好政策解读工作的方式方法提出明确要求:"重要信息、重大政策发布后,要注重运用主流媒体及其新媒体在重要版面、重要位置、重要时段及时报道解读。出台重大决策部署,要通过主动向媒体提供素材,召开媒体通气会,推荐掌握相关政策、熟悉相关领域业务的专家学者接受访谈等方式,做好发布解读工作。畅通媒体采访渠道,创造条件安排中央和地方主流媒体及其新媒体负责人列席有关重要决策会议。"

2016年11月10日,国务院办公厅印发《〈关于全面推进政务公开工作的意见〉实施细则》,规定对于国务院重大政策法规的解读,国务院各部门主要负责人是"第一解读人和责任人",文件中对此是这样具体规定的:"国务院部门是国务院政策解读的责任主体,要围绕国务院重大政策法规、规划方案和国务院常务会议议定事项等,通过参加国务院政策例行吹风会、新闻发布会、撰写解读文章、接受媒体采访和在线访谈等方式进行政策解读,全面深入介绍政策背景、主要内容、落实措施及工作进展,主动解疑释惑,积极引导国内舆论、影响国际舆论、管理社会预期。国务院发布重大政策,国务院相关部门要进行权威解读,新华社进行权威发布,各中央新闻媒体转发。部门主要负责人是'第一解读人和责任人',要敢于担当,通过发表讲话、撰写文章、接受访谈、参加发布会等多种方式,带头解读政策,传递权威信息。""国务院政策例行吹风会是解读重大政策的重要平台，各部门要高度重视，主要负责人要积极参加，围绕吹风会议题，精心准备，加强衔接协调，做到精准吹风。对国际舆论重要关切事项，相关部门主要负责人要面向国际主流媒体，通过集体采访、独家访谈等多种形式，深入阐释回应，进一步提升吹风会实效。遇有重大突发事件和重要社会关切，相关部门主要负责人要及时主动参加吹风会，表明立场态度，发出权威声音。对各部门主要负责人参加国务院政策例行吹风会的情况要定期通报。"

这份文件还对"加强各地区各部门政策解读工作"提出要求："各地区各部门要按照'谁起草、谁解读'的原则，做好政策解读工作。以部门名义印发的政策性文件，制发部门负责做好解读工作；部门联合发文的，牵头部门负责做好解读工作，其他联合发文部门配合。以政府名义印发的政策性文件，由起草部门做好解读工作。解读政策时，着重解读政策措施的背景依据、目标任务、主要内容、涉及范围、执行标准，以及注意事项、关键词诠释、惠民利民举措、新旧政策差异等，使政策内涵透明，避免误解误读。""坚持政策性文件与解读方案、解读材料同步组织、同步审签、同步部署。以部门名义印发的政策性文件，报批时应当将解读方案、解读材料一并报部门负责人审签。对以政府名义印发的政策性文件，牵头起草部门上报代拟稿时应将经本部门主要负责人审定的解读方案和解读材料一并报送，上报材料不齐全的，政府办公厅（室）按规定予以退文。文件公布前，要做好政策吹风解读和预期引导；文件公布时，相关解读材料应与文件同步在政府网站和媒体发布；文件执行过程中，要密切跟踪舆情，分段、多次、持续开展解读，及时解疑释惑，不断增强主动性、针对性和时效性。""对涉及群众切身利益、影响市场预期等重要政策，各地区各部门要善于运用媒体，实事求是、有的放矢开展政策解读，做好政府与市场、与社会的沟通工作，及时准确传递政策意图。要重视收集反馈的信息，针对市场和社会关切事项，更详细、更及时地做好政策解读，减少误解猜疑，稳定预期。"

上述文件的规定可谓非常具体细致，接下来就要看各地区各部门如何创造性地执行了。如何创造性地执行呢？有两种力量可以借鉴，一是相关领域的专家学者，二是经常和听众观众沟通切磋，经常接受听众观众电话咨询和现场提问的媒体名嘴。专家学者的长处是对理论问题研究得很深，缺点是沟通能力不一定能契合大众的理解接受能力，专家喜欢使用科学术语和学术概念，不仅普通民众，即使媒体记者有时候也可能不得要领。媒体名嘴的长处正好能和专家学者形成互补，特别是那些有长期接听听众热线电话经历的媒体人，他们往往擅长用老百姓能听得懂的语言来把与老百姓切身利益有关的问题说得清清楚楚。

第九节 加强新闻发言人培训

国务院新闻办原主任赵启正在接受记者采访时曾经说："在目前这样一个经济全球化的时代，培养新闻官是当务之急。有一类是政府的新闻发言人，他是政府形象的代表和具体体现，需要较高的政治素质和政策水平，还要有较强的新闻发布方面的专业知识。还有一类是企业、非政府组织的公共关系负责人，他有克服危机的能力。这两类新闻发言人的培养都亟待加强。"①

目前，除国务院新闻办公室举办新闻发言人培训班，还有很多中央部门、地方政府也在举办部门或地区的新闻发言人培训班。新闻发言人培训工作如火如荼，但基本上都还处于普及和入门阶段，更多地停留于具体的业务指导和以"党和政府"政治目标的解读传播为主要培训目标。由于当下我国很多政府新闻发言人都是兼职的，任期普遍不长，往往刚熟悉新闻发布业务就调走了，新换的新闻发言人又要从头开始培训。

---

① 闫宏：《前国家新闻办主任：执掌人大新闻意在培养新闻官》，载于《新京报》2005 年 11 月 23 日。

一、提高领导干部和新闻发言人同媒体打交道的能力

改革开放后，国新办的发言人培训班带动了中国政府系统新闻发言人培训的热潮。

2001 年 12 月，国务院新闻办公室在首都北郊的北京国际会议中心举办了为期 5 天的"全球化时代的新闻传播"高级研讨班。参加这个研讨班的学员都是中央对外宣传系统、中央媒体机构的司局级干部。这次研讨班为国务院新闻办公室稍后大规模展开的全球传播高级研讨班和中国政府新闻发言人培训班揭开了序幕。这个带有某种内部研讨性质的研讨班，后来更名为"全球传播高级研讨班"，分别在中央部委办局和地方的省、市、自治区相继举办，目的是在部门之间，就应对媒体、引导舆论、有效沟通进行理论与实务的前沿探讨。最初的主讲有清华大学李希光教授和董关鹏教授，后来扩大到省部级高官，中外媒体的负责人，西方国家驻华使馆大使、参赞、新闻发言人。①

2003 年 3 月 21 日，时任国务院总理温家宝在主持召开新一届国务院第一次全体会议时提出：要诚恳接受舆论和群众的监督，高度重视和解决新闻媒体反映的问题，要经常发布政务信息，以增加政府工作的透明度。此后，国务院新闻办公室分别于 2003 年 9 月、11 月和 2004 年 5 月举办了三期全国新闻发言人培训班，先后有 200 多名各部委、省、自治区、直辖市及军队的新闻发言人参加了培训。②

2003 年 9 月 22 日，第一期全国新闻发言人培训班正式开班，时任国务院新闻办公室主任兼培训班班主任的赵启正在第一堂课上说："中国的

---

① 《董关鹏：全球传播时代的政府新闻发布与媒体关系》，宣讲家网，http://www.71.cn/2011/1012/636233.shtml。

② 《新闻办：中国政府新闻发布制度建设仍在起步阶段》，中国政府网，https://www.gov.cn/jrzg/2005 - 12/06/content_119500.htm。

声音为什么在西方这么弱，我走到哪里都听不到中国的声音，说到底是我们的工作没到位。"国务院新闻办公室为培训班精心组织和设计了新的师资队伍，他们当中既有来自清华、复旦和中国传媒大学等高校的专家学者，也有国务院新闻办公室、中宣部新闻局、外交部新闻司的官员，教育部、卫生部和北京、上海等地的政府新闻发言人，中央电视台、新华社、凤凰卫视等媒体著名记者、主持人等。这支由学界、政府与媒体三结合组成的师资队伍被一些媒体和参加培训的新闻发言人评价为中国新闻发言人培训的"国家队"。他们培养出中国第一代政府新闻发言人，被媒体和公众亲切地称之为新闻发言人的"黄埔一期"。"黄埔一期"学员的课程大致可以分为5大部分。第一部分为领导讲方针政策；第二部分为专家讲新闻传播理论和策略。还有资深记者敬一丹、白岩松等媒体从业者讲记者和新闻发言人之间如何互动；外交部的资深新闻发言人孔泉和刘建超等传授经验。最后一部分是实战演练，由记者提问，参加培训的新闻发言人回答，专家来点评。[①]

此后，很多中央部门、地方政府也举办部门或地区的新闻发言人培训班。新闻发言人培训工作如火如荼地在全国铺开。

2003年10月，四川省率先设立省级新闻发言人制度，国务院新闻办和清华大学为其培训了近百名发言人。

2003年7月26日至30日，全国公安机关新闻发言人培训班于在中国人民公安大学举办，2003年12月，公安部建立新闻发言人制度并举行例行发布。

2004年，国资委首次开设央企新闻发言人培训班。

2004年4月，中共中央下发《中共中央关于加强和改进新形势下对外宣传工作的意见》，对新闻发言人培训也有提及："建立中央对外宣传办公室、国务院各部委及省级政府三个层次的新闻发布工作机制，明确职责，

---

① 桂杰、谷新龙：《政府新闻发布制度十年回首　有专业水准发言人太少》，人民网，2013年12月19日。

注重策划，加大对新闻发言人的培训力度，提高新闻发布的效果和权威性，做到经常化和制度化。"

2005 年 6 月 17 日，英国威斯敏斯特大学中国传媒中心成立。中心开设了欧洲第一个以中国媒体为研究主题的研究生课程。中心也积极与中国传媒机构合作开展培训和咨询。2006 年和 2007 年，受国务院新闻办委托，英国威斯敏斯特大学中国传媒中心为中国培训了 40 位新闻发言人。中心也为英国外交部中国新闻发言人交流项目安排培训课程。①

2005 年，国新办加大了指导、协调国务院各部门和省级政府开展自主新闻发布工作的力度，并通过培训相关工作人员来推动这一工作目标的实现。这一年国新办举办了第四期全国新闻发言人培训班，来自各地各部门的党、政、军、群的 150 多名新闻发言人及其助手参加了培训。

2005 年 12 月 29 日，国新办举行新闻发布会，国务院新闻办公室主任蔡武说："截至目前，我们大概已经培训了近五千名各级新闻发言人，应该说，从开展新闻发言人培训工作以来，普及的培训都差不多了，绝大多数部委、各个地方的新闻发言人都参加过培训。"②

2005 年，中央领导在国务院新闻办的工作报告上批示："围绕大局和重要题材，准确发布信息，正面引导舆论；树立良好形象，积极扩大影响，发挥了不可替代的作用。"③

2005 年 3 月 18 日正式开学的中国浦东干部学院从创办之初就筹建媒体沟通情景模拟实验室，开发了一系列领导干部提升媒介素养和媒体沟通能力提升方面的课程，其中通过情景模拟形式进行新闻发布会演练的《媒体沟通情景模拟》实训课程从 2005 年就开始出现。

---

① 《英国威敏-传媒界的扛把子》，https：//baijiahao. baidu. com/s？id = 17890552310035794 66&wfr = spider&for = pc。

② 《新闻发布工作应从四个方面加强完善》，新浪网，https：//news. sina. com. cn/c/2005 - 12 - 29/12048726086. shtml。

③ 王国庆：《加强地方政府新闻发布制度的建设》，见《政府新闻发言人十五讲》，清华大学出版社 2006 年版，第 48 页。

2007 年 6 月 26 日，江西省首期新闻发言人培训班在南昌举行开班仪式，江西是全国省级行政区最后一个举办此类培训班的省份。

2007 年 7 月，北京市奥组委、国家体委、北京市应急办、北京市疾控中心、上海市新闻办等部门的发言人参与了清华大学国家传播研究中心举办的首届"面向 2008 年的新闻发布高级研究班"。

2007 年 12 月 19 日至 20 日，重庆市政府新闻办和英国驻重庆总领事馆首次联合举办新闻发言人培训班。

国防部的新闻发言人制度是在 2007 年建立的，2008 年 5 月国防军新闻发言人正式亮相。从 2008 年开始，国防部就与国内外知名高校和公关公司建立长期合作关系，对发言人及团队成员进行专业培训。同时，顺应军队走出去的时代要求，近年来在全军范围内组织多种形式的媒体素养培训，有力推动军队新闻发布人才队伍建设。

2009 年 3 月，习近平在中央党校春季开学典礼上谈到领导的能力建设问题时，提出了提高领导干部"同媒体打交道的能力"。这对全国的干部教育工作都有指导意义，也为全国的新闻发言人培训提出了新的培训任务。

从 2010 年起，北京市、广州市新闻办公室也同英国威斯敏斯特大学中国传媒中心共同开展了赴英培训项目。

为了落实党的十七届四中、五中全会精神，大力推进党委新闻发言人制度建设，2011 年 2 月，国务院新闻办在北京举办了"全国首届党委新闻发言人培训班"。此举，标志着我党新闻发言人制度建设进入了一个全面落实和快速推进的阶段。

2012 年 10 月 9 日至 10 月 16 日，中国浦东干部学院举办了第一期中央企业新闻发言人培训班。2013 年 11 月 4 日，中国浦东干部学院举办了第二期中央企业新闻发言人培训班。

从 2013 年开始，在国新办、中组部的指导下，中国浦东干部学院承办了面向全国新闻发言人和新闻发布工作负责人的专题培训。2013 年 3 月 20

日至 3 月 26 日，中国浦东干部学院举办了第一期全国新闻发言人培训班，2013 年 3 月 27 日至 4 月 2 日举办了第二期全国新闻发言人培训班（全国新闻发布工作负责人培训班）。以后每年国新办都在中国浦东干部学院举办两期培训班。

中国浦东干部学院的全国新闻发言人培训班在五个方面非常重视。一是重视实战演练，通过角色模拟、情景再现，开展高仿真的实战训练，往往可以达到坐而论道难以企及的效果。为此学院邀请上海的资深媒体人来院开展行为训练，还安排曾经在 BBC 做过记者的国际媒体人来主持实训。二是重视案例教学。案例教学可以有效地结合理论和实践，快速提高学员的认知度和理解力。三是重视媒体。新闻发言人与媒体的关系非敌非友，既是挑战者也是合作者，学院安排学员赴上海文广新闻传媒集团现场教学，与电视新闻主播、节目编辑、资深记者、新闻监制等媒体人对话座谈，让大家有机会换位思考，交流观点，消除隔阂。四是重视网络媒体。学院会邀请新媒体企业负责人介绍网络舆情监测、研判和处置回应规律。五是重视同行交流。学院通过设计学员论坛、小组讨论、结构化研讨等互动性的课程让学员互相启发，实现学学相长。

2016 年 11 月 5 日，中国浦东干部学院还和国务院新闻办公室共同主办了首届"中国新闻发言人论坛"，论坛地点就在中国浦东干部学院。

2013 年 4 月，全国领导干部媒介素养培训基地在中国传媒大学正式成立，培训形式主要包括讲座、演练、观摩和交流等。培训中既有针对传统新闻发布形式的课程，也有针对互联网等新媒体进行新闻发布的课程，此外，还有着重培养发言人分析、研判和应对舆情能力的课程。讲课的师资既有相关部门主管领导，也有学者和资深记者，还有经验丰富的老发言人。

2013 年 10 月 1 日，国务院办公厅发布《国务院办公厅关于进一步加强政府信息公开回应社会关切提升政府公信力的意见》，对于"加强新闻发言人业务培训工作"提出要求："各地区各部门要建立培训工作常态化机制，经常组织开展面向信息公开工作人员、新闻发言人、政府网站工作人员、政务微博微信相关人员等的专业培训，及时总结交流经验，不断提高相关人员的政策把握能力、舆情研判能力、解疑释惑能力和回应引导能力。有关部门要把政府信息公开工作列为公务员培训内容，进一步加大培训力度，扩大培训范围。"

2013 年 11 月，经中央军委批准，我军分别在总政治部、总后勤部、总装备部和海军、空军、第二炮兵、武警部队 7 个大单位设立了军事新闻发言人。他们在正式上岗前除在军队内部参与培训外，还接受了中国传媒大学于当年 11 月 12 日至 14 日为他们开展的为期 3 天共 20 学时的密集式高端培训。培训形式主要包括讲座、演练、观摩和交流等。11 月 13 日，他们还观摩了外交部新闻司司长、新闻发言人秦刚举行的例行新闻发布会，其后又和外交部另外一位新闻发言人洪磊进行了交流。演练是最重要的教学方式。与其他部委系统新闻发言人培训不同，此次军队的"传媒一期"培训没有再去重复讲解新闻发布制度的理论、历史和现行政策等方面，而是反复强调实践性和针对性，课程设置也是为几位发言人"量体裁衣"。校方在编写案例时，委托方并没有设置什么禁区，全部案例均由基地和学院富有实践教学经验的教师团队集体编写。有关模拟演练中使用的 12 个背景案例情境，选择上照顾到发言人所属的不同军种、领域，兼顾不同媒体采访的多种形式，内容则是包罗甚广，涉及热点时事。可见，这次培训 100% 的内容都力图贴近实践、注重实效。[①]

2016 年 2 月 17 日，中共中央办公厅、国务院办公厅印发《关于全面推进政务公开工作的意见》，文件中对抓好新闻发言人教育培训提出明确要求："各级政府要把政务公开列入公务员培训科目，依托各级党校、行政学院、干部学院等干部教育培训机构，加强对行政机关工作人员特别是领导干部的培训，增强公开意识，提高发布信息、解读政策、回应关切的

---

① 李大光、伊红平：《军方发言人的台前幕后》，载于《北京日报》2013 年 12 月 25 日。

能力。制定业务培训计划，精心安排培训科目和内容，分级分层组织实施，力争 3 年内将全国从事政务公开工作人员轮训一遍，支持政务公开工作人员接受相关继续教育。教育主管部门要鼓励高等学校开设政务公开课程，培养政务公开方面的专门人才。"

2016 年 8 月 12 日，国务院办公厅印发《国务院办公厅关于在政务公开工作中进一步做好政务舆情回应的通知》，对于加强新闻发言人业务培训提出明确要求："进一步加大业务培训力度，利用 2 年时间，国务院新闻办牵头对各省（区、市）人民政府、国务院各部门分管负责同志和新闻发言人轮训一遍，各省（区、市）新闻办牵头对省直部门、市县两级政府的分管负责同志和新闻发言人轮训一遍，切实增强公开意识，转变理念，提高发布信息、解读政策、回应关切的能力。"

2018 年，中共中央印发了《2018 - 2022 年全国干部教育培训规划》，要求各地区各部门结合实际认真贯彻落实。该规划对当前和今后一个时期干部教育培训工作作出全面部署，包括新闻发言人的培训。①

2018 年 11 月 25 日，由国务院新闻办公室主办、北京大学国家战略传播研究院承办的"2018 中国新闻发言人论坛"在北京大学举行。中央广播电视总台央视外语频道总监江和平出席论坛并发表主旨演讲时提出了"媒商"的概念，称新闻发言人培训应重视提高新闻发言人的"媒商"："媒商，英文 Media Quotient，指媒体智慧，也指媒介素养，是新闻发言人的媒体认知和运用的能力。在新闻发布的过程中，新闻发言人和媒体人就像一个硬币的两面，缺一不可。新闻发言人是发布者，媒体人是传播者；新闻发言人是代言人，媒体人是代问人。我认为，修炼'媒商'是新闻发言人的必修课之一。"②

---

① 《中共中央印发〈2018 - 2022 年全国干部教育培训规划〉》，中国政府网，https://www.gov.cn/zhengce/202203/content_3635343.htm。

② 江和平：《媒商：新闻发言人的必修课》，2018 中国新闻发言人论坛主旨演讲，2018 年 11 月 25 日。

2019 年 11 月，为落实《民政部关于推动在全国性和省级社会组织中建立新闻发言人制度的通知》，民政部办公厅以社会组织新闻发言人为主要培训对象，举办了社会组织扶贫宣传暨新闻发言人培训班，以增强社会组织的政策把握、媒体沟通和舆情应对能力，推进社会组织新闻发言人制度建设。[①]

新闻发布也是党务公开的重要渠道，2020 年中共中央新闻发布制度建立后，党委新闻发布制度的完善继续得到推进，各地方党委新闻发言人培训也在不间断地进行。比如 2023 年 12 月，厦门市党政机关新闻发言人培训班在清华大学举办，培训班由市委组织部和市委宣传部联合主办，全市市直部门、各区党委政府 44 名新闻发言人参加培训。培训旨在进一步提升厦门市各区各部门新闻发言人综合媒介素养，特别是全媒体时代应急处置过程中的战略沟通和舆论引导能力，加快推动全市新闻发布工作制度化、规范化、专业化建设。[②]

2024 年 7 月，江苏省全省党委政府新闻发言人培训班在南京开班，培训班围绕深入学习贯彻习近平总书记关于新闻舆论工作的重要论述，按照中央和省委关于新闻发布工作的新部署新要求，加强专业培训，提升素质能力，推动江苏省新闻发布工作迈上新台阶。[③]

值得一提的是，从 2013 年至 2024 年，中国浦东干部学院接受中宣部的委托，连续举办了 16 期全国新闻发言人培训班。16 期培训班共培养了800 名左右国家部委和省级政府的新闻发言人或发布团队成员，众多学员结束培训后参与了多场新闻发布会，有的学员已经成长为省部级干部。

2024 年 5 月 13 日，第 16 期全国新闻发言人培训班在中国浦东干部学

① 《报满截止！2019 年社会组织新闻发言人培训班即将开班》，澎湃新闻，https：//www. thepaper. cn/newsDetail_forward_4805800。

② 《2023 年厦门市党政机关新闻发言人培训班在京举办》，央广网，https：//xm. cnr. cn/ld-jj/20231209/t20231209_526513788. shtml。

③ 《全省党委政府新闻发言人培训班开班》，中共江苏省委新闻网，http：//www. zgjssw. gov. cn/yaowen/202407/t20240703_8352312. shtml。

院开办。此次培训设定的培训目标是：学习贯彻习近平文化思想特别是关于新闻舆论工作的重要论述，围绕加快构建中国话语和中国叙事体系，讲好中国故事、传播好中国声音，推进新闻发布制度建设，针对媒体沟通、处理公共危机、提高新闻发言人能力水平等开展学习研讨。为实现这一培训目标，学院设计了三大课程模块，每个模块包含若干课程并承担不同功能，这三大课程模块包括：（1）党的理论教育与党性教育；（2）扩大专业视野、提高理论水平；（3）总结实践经验、提升专业能力。

2024 年 7 月，党的二十届三中全会审议通过了《中共中央关于进一步全面深化改革、推进中国式现代化的决定》，提出"完善新闻发言人制度"。可以预见，方兴未艾的新闻发言人培训事业将会为我国的新闻发言人成长和新闻发布制度建设作出更大贡献。

二、造就更多高级别善讲理的"一把手"和"第一新闻发言人"

既然各地区各部门主要领导是第一新闻发言人，则下一步新闻发言人培训的重点应该是这些党政一把手。换言之，党政一把手都要通过学习培训提高新闻执政意识和能力。

2014 年，中办、国办发布《关于建立健全信息发布和政策解读机制的意见》，要求把提高党政机关领导干部特别是主要负责同志媒介素养、新闻传播理论和舆论引导能力纳入干部培训计划，把党务政务信息公开工作作为公务员培训的重要内容。

2016 年 11 月 5 日，中国浦东干部学院和国务院新闻办公室共同主办的首届"中国新闻发言人论坛"在中国浦东干部学院开幕。时任上海市政府新闻发言人的徐威出席论坛并发表主旨演讲时说："加强高层培训，特别是对省部级领导干部的专业培训。我们要培养造就更多高级别的、善讲道理的'第一新闻发言人'，提高他们与民沟通的意识和能力，提高他们解释公共政策的能力。这个标杆高了，我们才能真正提高处理政务信息、感知群众冷暖和应变社会舆情的能力，才能切实提高党的新闻舆论传播力、引导力、影响力和公信力。"[1]

三、以赛代训，以练代训

地方很多省市也在新闻发言人培训领域进行创新实验，摸索总结出一些培训的新理念和新方法。

2019年8月13日至15日，浙江桐乡市组织镇（街道）和有关部门的73名新闻发言人开展培训。与以往同样主题的新闻发言人培训班不同的是，这次桐乡创设"实战训练营"，让参加培训的学员们真实地站在新闻发布的"第一线"，接受记者提问，现场回答记者提问。"新闻发布会"的场地选在真实的演播厅，学员站在聚光灯下，更能"身临其境"，体验"原汁原味"的新闻发布。

此次"实战训练营"的模拟案例均是精心打磨而成，有正面亦有反面，这些案例均呈现了各领域近阶段的工作重点，且贴近民生。每位参训兼参赛的新闻发言人发布和答问结束后，现场评委立即打分，分出高下，现场颁奖。现场评委有曾从事过新闻发言人工作多年的专家、有从事新闻传播研究的高校学者，亦有资深媒体人。他们不仅给参赛选手打分，同时还要逐个点评每场比赛中每位选手的具体表现，这种点评既是对具体选手的评价也是对所有选手的培训。[2]

新闻发言人是一项专业性很强的工作。它首先不是一个"官职"，而是一个特殊的专业岗位。从国内外的先进经验来看，合格的新闻发言人都

---

① 徐威：《高度重视沟通 讲好政府故事——以上海政务信息发布实践为例》，首届中国新闻发言人论坛主旨发言，2016年11月5日。

② 《桐乡在全国率先创新新闻发言人大赛培训模式》，https：//baijiahao. baidu. com/s？id = 1641987182927144646&wfr = spider&for = pc。

有政府和媒体长期工作的经验，需要接受新闻学、传播学（包括大众传播学、人际传播学、组织传播学、跨文化传播学等亚学科）、社会心理学、语言学、修辞学和管理学等方面的专业培训。健全的新闻发言人工作体系包括健全的组织机构、完善的制度流程和专业的人才队伍。

未来的新闻发言人应该是一个团队的领导者，负责一个机构或组织的公关事务，包括舆论引导和危机处理。

展望未来，我们有理由对中国的新闻发布事业和新闻发言人制度建设充满信心。我们也越来越清晰地认识到，新闻发布机构和发言人要同时为上级、同事、媒体和公众提供权威性的告知性信息、说服性信息和指导性信息，向组织内部和外部提供全方位的权威信息咨询服务。发言人不仅要向媒体发言，还要向上司发言，向公众发言。发言人不仅要"向下传话"，也要"向上带话"，把民众的舆情经过整合分析后报送给上司。发言人不仅要"向下传话"，也要"向下派送"，通过挖掘、整理、分析与自己所在组织相关的公共信息资源并发布权威信息，为组织内部、媒体和公众提供信息咨询，帮助上级、同事、媒体和公众建立对热点问题和重大问题的前瞻性认识，辅助上司和同事科学决策，协助媒体客观报道、指导公众理性行动。

第十节　强化国务院新闻办公室对全国新闻发布工作的业务指导职能

中华人民共和国国务院新闻办公室（简称国务院新闻办）是 1990 年成立的。1991 年 1 月，国务院新闻办正式组建挂牌，从此我国的新闻发言人制度建设开始有了官方的业务指导部门。国务院新闻办主要职责是：推动中国媒体向世界说明中国，包括介绍中国的内外方针政策、经济社会发展情况及中国的历史和中国科技、教育、文化等发展情况。通过指导协调媒体对外报道，召开新闻发布会，提供书籍资料及影视制品等方式对外介绍中国。协助外国记者在中国的采访，推动海外媒体客观、准确地报道中国。广泛开展与各国政府和新闻媒体的交流、合作。与有关部门合作开展对外交流活动。

我国新闻发言人制度的发展与改革开放的进程相生相伴，具有鲜明的中国特色和时代特征。新闻发言人制度对外推动了中国与世界的融合，展示了中国的大国形象；对内保障了公众的知情权、参与权、监督权，集中反映了中国政治文明进步。数据显示，自 2004 年到 2019 年，国新办已经连续 16 年公布中央国家机关和地方年度新闻发言人名录，从首次公布的 75 人到如今的 244 人，队伍壮大了 3 倍之多。可以说，新闻发布能力的增强、水平的提高、机制的完善，是中国国家治理体系现代化的重要标志。[1]

2006 年 12 月 28 日，国务院新闻办公室举行 2006 年最后一场新闻发布会，国务院新闻办公室主任蔡武介绍中国新闻发布和发言人制度建设情况。蔡武说，截至 2006 年底，国务院已有 74 个部门建立了新闻发布和新闻发言人制度，设立了 91 位新闻发言人。全国 31 个省（区、市）人民政府都已经建立了新闻发布和新闻发言人制度，共设立了 52 位发言人。全国人大、全国政协、最高法院、最高检察院以及全国总工会、共青团中央、全国妇女联合会也都建立了新闻发布和新闻发言人制度，设立了新闻发言人。国新办第三次公布了"国务院各有关部门新闻发言人名单及新闻发布工作机构电话"。[2]

2007 年，国务院新闻办编写的《政府新闻发布工作手册》出版。

2013 年 10 月 1 日，国务院办公厅发布《关于进一步加强政府信息公

---

① 江和平：《媒商：新闻发言人的必修课》，2018 中国新闻发言人论坛主旨演讲，2018 年 11 月 25 日。

② 《我国国务院已有 74 个部门建立了新闻发言人制度》，中国政府网，https://www.gov.cn/jrzg/2006 – 12/28/content_482331. htm。

开回应社会关切提升政府公信力的意见》，提出"把国务院新闻办公室新闻发布厅建设成中央政府重要信息发布的主要场所"。这份文件同时也对国务院组成部门的主要负责人来国新办新闻发布平台参加新闻发布活动提出量化的要求："与宏观经济和民生关系密切以及社会关注事项较多的相关职能部门，主要负责同志原则上每年应出席一次国务院新闻办公室新闻发布会，新闻发言人或相关负责人至少每季度出席一次。"

2014年全年，国新办举行发布会、吹风会87场，超过历年全年新闻发布活动场次；25个中央国家机关建立了本部门例行新闻发布会制度。①

2015年1月，国务院新闻办公室新闻局专门组织编写了全新版《新闻发布工作手册》，由五洲传播出版社正式出版发行。该书结合新闻发布工作的新形势、新特点，参照最新理论成果，增补众多新内容，适用面更广，具有很强的权威性、指导性和实用性。

进一步强化国务院新闻办公室对全国新闻发布工作的业务指导职能，就要用更加开放的眼光，借鉴发达国家新闻发布方面的一切成功经验为我所用。

清华大学新闻与传播学院史安斌教授认为，中美两国的新闻发布采用了不同的模式，中国的模式基本是官职模式——即发言人由官员担任，机构主导，集体发布，危机驱动，很多时候出了事才来发布，平时找不到人或不接待媒体采访。西方国家特别是美国白宫的新闻发布制度经过百年发展，形成的新闻发布机制是专业模式，由总统本人主导，任命具有新闻传播专业背景的专职白宫新闻发言人来进行发布。美国白宫和美国国务院的新闻发布看似只有"一个人在战斗"，但背后依靠的"一群人在战斗"，依靠的是专业团队的支撑，并且已形成常态化的运作机制，许多重要部门都是每天坚持新闻发布，或指派专人回答媒体垂询。②

---

① 《回应社会关切 凝聚社会共识——新时期我国推进新闻发布工作回眸》，新华网，http：//www.xinhuanet.com/politics/2015-05/07/c_1115212590.htm。

② 史安斌：《全媒体时代新闻发布变革与创新》，载于《传媒》2014年第2期。

　　美国白宫的新闻发布制度最值得借鉴的一点就是美国总统是有自己的新闻发言人的，这就是白宫新闻发言人。虽然美国总统本人也经常接受媒体采访回答记者提问，但不能让所有的采访都由总统本人来承担，这时候他就需要一个代言人，而事实上，因为白宫新闻发言人经过专业训练，并且有多年的权威主流媒体的从业经验，不仅对媒体的套路很熟悉，而且对记者同行的偏好也很熟悉，这样在答问时就能做到知己知彼，能够比总统更加驾轻就熟地和媒体记者周旋。

第三章

我国新闻发布制度建设的
法制保障和攻坚目标

第一节 制定《新闻发布工作条例》整合
有关新闻发布的制度文件

一个完整的新闻发布制度体系建设应符合"横向到边，纵向到底；体系完整，条款兼容"的原则，具体来说就是既要能保障负责新闻发布工作的专职机构、工作人员和新闻发言人能正常开展工作，也要能指导和规范负责新闻发布工作的专职机构、工作人员和新闻发言人如何开展工作。所以一个完整的新闻发布制度体系应该覆盖与新闻发布工作有关联的方方面面和所有角落，而且要互不犯冲，各种相关的法律法规、规章制度和具体条款之间能互相兼容、互相补充，能够并行不悖。

一、新闻发布制度建设可以大略地分为顶层设计、中层设计和底层设计

新闻发布制度建设可以大略地分为顶层设计、中层设计和底层设计。顶层设计指新闻发布体制、机制层面的制度设计，包括新闻发布机构的正式设置、法定职能的具体规定、人员编制的配置方案和相应的权利权限的赋予举措和工作条件的保障措施；顶层设计还包括与新闻发布工作相关联领域的法律法规的配套完善和修正修订。中层设计指新闻发布业务指导机构和新闻发布工作实施单位制定的保障新闻发布工作正常开展的比较重要的工作制度和实施细则。底层设计指新闻发布工作团队和新闻发言人自己制定的方便自己开展新闻发布工作的具体工作流程和操作指南。

（1）新闻发布制度建设顶层设计包括以下具体项目：

有关信息公开方面的法律法规的制定颁布和修改完善；

有关信息保密方面的法律法规的制定颁布和修改完善；

有关新闻媒体管理方面的法律法规的制定颁布和修改完善；

有关互联网络管理方面的法律法规的制定颁布和修改完善；

有关档案管理方面的法律法规的制定颁布和修改完善；

有关危机管理方面的法律法规的制定颁布和修改完善；

有关新闻发布机构编制方面的法律和法规的制定和颁布；

有关新闻发言人定岗定编和职责职权规定方面的法律和法规的制定和颁布。

（2）新闻发布制度建设中层设计包括以下具体项目：

有关新闻发布机构内部运行管理方面的法规、规章、规定、意见和办法的制定和颁布；

有关主要领导出席重要新闻发布会担当第一新闻发言人的法规、规章、规定、意见和办法的制定和颁布；

有关新闻发言人选拔任用方面的法规、规章、规定、意见和办法的制定和颁布；

有关新闻发布团队建设方面的法规、规章、规定、意见和办法的制定和颁布；

有关新闻发言人学习培训方面的法规、规章、规定、意见和办法的制定和颁布；

有关新闻发布会和例行记者会年度规划方面的规章、规定、意见和办法的制定和颁布；

有关新闻发布会和例行记者会主题策划方面的规章、规定、意见和办法的制定和颁布；

有关信源跟踪、舆情监测研判报告和热点敏感政务舆情回应方面的法规、规章、规定、意见和办法的制定和颁布；

有关突发事件新闻发布方面的法规、规章、规定、意见和办法的制定和颁布；

有关政策解读方面的法规、规章、规定、意见和办法的制定和颁布；

有关政策吹风方面的法规、规章、规定、意见和办法的制定和颁布；

有关政务新媒体建设方面的法规、规章、规定、意见和办法的制定和颁布；

有关新闻发布机构和新闻发言人考核评估和奖惩激励方面的法规、规章、规定、意见和办法的制定和颁布；

有关新闻发布容错纠错和免责减责方面的规章、规定、意见和办法的制定和颁布；

有关新闻发布机构与外部机构单位和外部专家学者联系协调的规章、规定、意见和办法的制定和颁布；

有关新闻发布厅基础建设、功能设计和运行维护方面的规章、规定、意见和办法的制定和颁布。

（3）新闻发布制度建设底层设计主要指有关新闻发布会前准备规程和现场操作规程方面的规章、规定、意见和办法的制定和颁布。具体包括以下项目：

有关新闻发布会和例行记者会会议程序方面的规章、规定、意见和办法的制定和颁布；

有关新闻发言人越级参会越级阅文方面的规章、规定、意见和办法的制定和颁布；

有关新闻发布会和例行记者会申请申报和审查审批方面的规章、规定、意见和办法的制定和颁布；

有关新闻发布问题预测和口径准备方面的规章、规定、意见和办法的制定和颁布；

有关新闻发布议题设计、视角设计、文体设计、标题设计、警句设计、文辞把关、文案准备和工具准备方面的规章、规定、意见和办法的制定和颁布；

有关媒体记者服务方面的规章、规定、意见和办法的制定和颁布；

有关新闻发布会场布置管理方面的规章、规定、意见和办法的制定和颁布；

有关新闻发布会前模拟演练方面的规章、规定、意见和办法的制定和颁布；

有关新闻发言人仪容仪表仪态保障检查方面的规章、规定、意见和办法的制定和颁布；

有关新闻发言人道德自律、会场自控、规避答问风险和防止言行失误方面的规章、规定、意见和办法的制定和颁布；

有关新闻发布现场应急管理方面的规章、规定、意见和办法的制定和颁布；

有关新闻发布工作表格的设计和使用方面的规章、规定、意见和办法的制定和颁布。

二、应将众多涉及新闻发布的法律法规和政策文件整合成一部《新闻发布工作条例》

据国务院新闻办公室原主任赵启正回忆，推动新闻发言人制度建立的是国务院新闻办的前身中央对外宣传领导小组。这个小组在 1982 年起草了一个《关于设立新闻发言人制度的请示》。其出发点是为了给我国的对外开放服务，让全世界更好地了解中国。经中央书记处批示同意后，中宣部、中央对外宣传领导小组于 1983 年 2 月联合下发了《关于实施〈设立新闻发言人制度〉和加强对外国记者工作的意见》，要求对外交往较多的国务院各部门建立制度，定期或者不定期地发布新闻。1983 年 4 月 23 日，中国记协首次向中外记者介绍了国务院各部委和人民团体的新闻发言人，正式宣布我国建立新闻发言人制度。1983 年 11 月，中央对外宣传领导小组制定并下发了《新闻发言人工作暂行条例》。这个条例被大多数部委认为只是对外宣传部门的事，主要是为国外的新闻媒体服务。在 1983 年，中国记协共举行了 57 次新闻发布会、中外记者招待会及会见会。

目前，我国涉及新闻发布方面的法律法规和政策文件也制定了不少，但是非常不相称的问题是，至今我国还没有一部全面规范新闻发布工作的单独的《新闻发布工作条例》出台。

自从中国进入互联网时代后，根据笔者整理，1996 年以来中国的立法部门和政府机构发布的涉及新闻发布的主要法律法规和政策文件见表 3 - 1。

表 3 - 1　　　　　　涉及新闻发布的法律法规和政策文件

时间	相关法律法规和政策文件
1996 年	《中华人民共和国计算机信息网络国际联网管理暂行规定》 《中华人民共和国档案法》
1998 年	《中华人民共和国计算机信息网络国际联网管理暂行规定实施办法》
1999 年	《中共中央办公厅关于进一步加强信息工作的意见》 《中华人民共和国行政复议法》 《关于在全国公安机关普遍实行警务公开制度的通知》
2000 年	《全国人大常委会关于维护互联网安全的决定》 《互联网信息服务管理办法》 《关于特大安全事故行政责任追究的规定》 《中华人民共和国国家通用语言文字法》
2002 年	《国家信息化领导小组关于我国电子政务建设指导意见》 《中华人民共和国安全生产法》

续表

时间	相关法律法规和政策文件
2003 年	《突发公共卫生事件应急条例》
2004 年	《中共中央关于加强和改进新形势下对外宣传工作的意见》 《中共中央关于加强党的执政能力建设的决定》
2005 年	《国家突发公共事件新闻发布应急预案》 《关于进一步推行政务公开的意见》 《互联网新闻信息服务管理规定》
2006 年	《国家突发公共事件总体应急预案》 《关于加强政府网站建设和管理工作的意见》 《国务院办公厅关于进一步改进和加强政府新闻发布制度建设意见的通知》 《信息网络传播权保护条例》 《外国通讯社在中国境内发布新闻信息管理办法》
2007 年	《生产安全事故报告和调查处理条例》 《中华人民共和国行政复议法实施条例》 《国务院办公厅关于做好施行〈中华人民共和国政府信息公开条例〉准备工作的通知》 《中华人民共和国突发事件应对法》 《国务院办公厅关于施行〈中华人民共和国政府信息公开条例〉若干问题的意见》 《博客服务自律公约》
2008 年	《中华人民共和国政府信息公开条例》 《突发公共事件新闻报道应急办法》 《中华人民共和国外国常驻新闻机构和外国记者采访条例》 《外国记者在华指南》
2009 年	《生产安全事故信息报告和处置办法》 《加强和改进新形势下党的建设的若干重大问题的决定》 《中国新闻工作者职业道德准则》
2010 年	《关于建立党委新闻发言人制度的建议》 《国务院办公厅关于做好政府信息依申请公开工作的意见》 《中华人民共和国保守国家秘密法》
2011 年	《关于进一步加强政府网站管理工作的通知》 《最高人民法院关于审理政府信息公开行政案件若干问题的规定》 《关于深化政务公开加强政务服务的意见》 《北京市微博客发展管理若干规定》

时间	相关法律法规和政策文件
2013 年	《关于深入推进安全生产信息公开工作的通知》 《关于进一步加强政府信息公开回应社会关切提升政府公信力的意见》 《突发事件应急预案管理办法》 《中共中央关于全面深化改革若干重大问题的决定》
2014 年	《中华人民共和国保守国家秘密法实施条例》 《关于建立健全信息发布和政策解读机制的意见》 《即时通信工具公众信息服务发展管理暂行规定》 《中华人民共和国安全生产法》 《关于加强政府网站信息内容建设意见》 《国务院关于授权国家互联网信息办公室负责互联网信息内容管理工作的通知》
2015 年	《互联网新闻信息服务单位约谈工作规定》 《关于规范重特大事故信息发布工作的意见》 《中华人民共和国国家安全法》 《〈关于建立健全信息发布和政策解读机制的意见〉实施细则》
2016 年	《网络出版服务管理规定》 《关于全面推进政务公开工作的意见》 《关于进一步加强管理制止虚假新闻的通知》 《中国共产党问责条例》 《关于在政务公开工作中进一步做好政务舆情回应的通知》 《政务信息资源共享管理暂行办法》 《中华人民共和国档案法》（修正） 《中华人民共和国网络安全法》 《〈关于全面推进政务公开工作的意见〉实施细则》 《关于加强微博、微信等网络社交平台传播视听节目管理的通知》
2017 年	《中华人民共和国档案法实施办法》 《中华人民共和国行政诉讼法》 《中国共产党党务公开条例（试行)》 《互联网新闻信息服务管理规定》 《关于推进重大建设项目批准和实施领域政府信息公开的意见》
2018 年	《国务院办公厅关于推进政务新媒体健康有序发展的意见》 《生产安全事故应急条例》 《中华人民共和国宪法》（修正）
2019 年	《中华人民共和国政府信息公开条例》（修订） 《中国共产党宣传工作条例》 《数据安全管理办法》

续表

时间	相关法律法规和政策文件
2020 年	《中华人民共和国民法典》
2021 年	《中华人民共和国个人信息保护法》 《中华人民共和国数据安全法》
2023 年	《中华人民共和国行政复议法》（修订）
2024 年	《中华人民共和国保守国家秘密法》（修订） 《中华人民共和国突发事件应对法》（修订）

　　这么多法规文件都或多或少涉及对新闻发布和信息公开方面的规定，这些规定散见在这么多法规文件中，新闻发言人开展工作会遇到不少困难。所以，必须尽快制定颁布并实施《新闻发布工作条例》，把《新闻发布工作条例》的出台视作推动新闻发布制度建设的重要契机，作为推进国家治理体系和治理能力现代化的重要组成部分，尽快完成党中央提出的"推进新闻发布制度化"这一深化改革任务。

　　关于出台《新闻发布工作条例》，国家行政学院教授王彩平这是"填补中国新闻发言人制度领域的法律空白"的举措。只有出台《新闻发布工作条例》，对新闻发言人的权利、义务和责任、信息披露的内容、对象、范围、具体程序，以及对新闻发言人的监督和问责机制等方面，都作出相应的法律规范，使新闻发布工作真正职责清晰，责权分明，有规可循，有法可依。[①]

三、为《新闻发布工作条例》制定实施细则以规范新闻发布操作规程

　　笔者建议，在《新闻发布工作条例》出台后，还要配套制定实施细

　　[①] 王彩平：《完善中国新闻发言人制度的路径》，载于《人民公仆》2015 年 7 月总第 37 期。

则，为全国的新闻发言人提供开展新闻发布工作的具体指南，也就是要为新闻发布的会前准备和现场实施制定出可供参考的具体细则和操作规程，也就是前面提到的新闻发布制度建设的底层设计。

关于制定新闻发布操作规程，笔者曾经在《新闻发布会的会前准备》（《当代传播》2017年第4期）一文中进行了初步的探讨。笔者认为，新闻发布操作规程应由两部分内容组成，一是新闻发布会的会前准备规程，二是新闻发布会的现场操作规程。

新闻发布会是信息公开的工作平台，在这个特殊的工作平台上从事新闻发布活动，当然也要遵循一定的程序，每一步操作也应该有相对应和相对稳定的规范和标准。新闻发布操作规程，就是供新闻发言人参考和遵循的组织和召开新闻发布会的程序或步骤。

新闻发布会的会前准备规程指新闻发言人和新闻发布工作团队在新闻发布会前所做的准备工作的工作流程和工作规范。经过多年的观察、调研、归纳和梳理，以及指导专业培训并为各个层面的新闻发言人提供咨询，笔者将新闻发布会的会前准备规程整理划分为24个步骤。每个步骤都包含若干条具体的原则和标准。以下论述的是这个24个步骤的具体条目及其内涵。

（1）顶层设计：这里的顶层设计是指统筹考虑新闻发布制度直接和间接涉及的各个层面的所有要素，统揽全局设计出一套可用于指导新闻发布工作的完整制度体系。要想做好新闻发布会的会前准备工作，必须在此前构建出一套相对定型的制度体系，保证准备工作有章可循。如前所述，十八届三中全会提出了"推动新闻发布制度化"这一全面深化改革命题。这为新闻发布制度的顶层设计提供了权威的方向和指引。新闻发布制度体系应包括被社会各界普遍认可并被新闻发言人群体自觉遵循的价值观、与新闻发布和新闻发言人有关的制度体系的全面制定和整体完善，以及保障新闻发言人制度体系有效运行的完整体制和高效机制。据此，关于新闻发布制度体系顶层设计的重点至少包括以下方面：

应将主要领导出席新闻发布会、担当首席新闻发言人纳入制度化轨道。应设置专职新闻发言人职位，规定相应的职责、职权、职数，选任具备优秀新闻发言人必须具备的专业素养的人开展符合专业要求的新闻发布工作。应配备专业团队为给新闻发言人做好辅助和服务工作。新闻办公室应定时定点自主召开例行新闻发布会，按照一定惯例召开媒体吹风会，通过官方自办的自媒体如政务微博和政务微信等政务新媒体进行矩阵化新闻发布。应按照中央文件要求建立专家解读机制。要建立专家解读机制，重要政策法规出台后，各地区各部门要及时组织专家通过多种方式做好科学解读，让公众更好地知晓、理解政府经济社会发展政策和改革举措。有关部门可根据工作需要，组建政策解读的专家队伍，提高政策解读的针对性、科学性、权威性和有效性，让群众"听得懂""信得过"。根据这一要求，新闻发布顶层设计必须包括建立专家解读机制，以媒体记者和社会大众听得懂的语言来解读重要政策法规。应根据具体的制度对新闻发布工作进行科学的评估考核。2015 年，国务院新闻办对与宏观经济、民生关系密切和社会关注事项较多的部门提出建立"4·2·1+N"新闻发布模式的"刚性要求"。据此，我国各个层次的新闻发布工作负责机构和部门必须建立相应的工作机制，按照此"刚性约束"来规范自己的新闻发布工作。应建立容错机制和免责机制宽容和保护新闻发言人的工作积极性，卸除发言人对因言获罪的心理负担。不能把并不负责处置突发事件的新闻发言人作为突发事件预防和处置不力的问责对象。

（2）跟踪信源：新闻发布工作团队既应跟踪把握国家政策法规的最新变化，以及国家领导在各种会议上的讲话和指示，也要跟踪境内外媒体的舆论和网络媒体手机媒体上的舆情信息。既要掌握本系统本部门外部的信息，也要通过信息联络员和信息通报机制等途径和手段及时掌握本系统本部门内部的信息，并且要及时将这些信息汇总提炼后提交给新闻发言人作为参考和拟定新闻发布口径的依据。应该对舆情进行监测、研判、报告和回应。应通过舆情监测和舆论引导防止负面舆情引发负面舆论，进而让负面舆论裹挟民意引发群众的过激情绪和群体性的极化心态。应采用专业舆情软件和专业人员重点浏览相结合的方法来监测舆情。

（3）见证现场：重大和特别重大突发事件发生后，主要领导和新闻发言人应争取尽快赶往现场，或者是到能够对多个事发现场一览无余的应急指挥中心了解现场真实情况，防止下属部门和下级人员用虚假信息或模棱两可的模糊信息蒙蔽自己。新闻发言人必须比记者掌握更多的情况。主要领导和新闻发言人先亲临现场调查实情后再对外发言，在新闻发布会上答记者问才更有底气。

（4）见证决策：应保证新闻发言人能全面掌握高层最新动态和决策的过程信息，保证新闻发言人在面对媒体时知道政策结果和决策过程的来龙去脉。要为信息公开工作人员、新闻发言人、政府网站工作人员、政务微博微信相关人员参加重要会议、掌握相关信息提供便利条件。要让新闻发言人进入知情圈、决策圈、行动圈。新闻发言人应能参加重要会议、阅读重要文件，可向本单位主要负责同志建议开展新闻发布活动的时机、内容、形式和人选；突发事件发生后，新闻发言人应参与突发事件处置，能及时到达现场，有效开展工作。新闻发言人应通过分析舆情介入决策。决策者在制定政策之初应邀请新闻发言人介绍舆论和民意对该政策的期望。在制定政策的同时应同步制定新闻发布、政策解读和舆论引导的工作方案。

（5）策划主题：新闻办公室应制定长期传播规划和年度新闻发布工作规划，有计划地为媒体和公众设置政府希望媒体和公众关注的议程。按照固定的频率举行例行新闻发布会，根据长期传播规划，例行发布会的主题相对固定。举办重要活动、颁布重要政策、发生重大突发事件和重要社会关切时，官方应策划相应主题召开新闻发布会予以公布和回应。在重要政策还未正式出台前先向有长期信任合作关系的媒体吹风，让这些媒体通过新闻报道预热相关议题，测试民意对该项政策的支持度。

（6）申请申报：对拟发布的信息必须事先进行保密审查。新闻办公室和负责新闻宣传及新闻发布工作的部门应要求在自己管辖和业务指导范围内的平级部门和下级部门在召开新闻发布会前向自己提出申请，或将相关信息尤其是发布口径报给自己备案。在必要的情况下，还应向保密审查机构申请政府信息公开保密审查。保密审查主要是依据国家秘密的基本范围和保密事项范围对拟公开发布的信息是否涉及国家秘密进行审查，也包括依据相关法律法规对是否涉及工作秘密、商业秘密、个人隐私等进行甄别鉴定，以确认拟发布的信息是否可以公开。保密审查的方式主要分为目录审查和信息审查。保密审查的原则是"先审查，后公开"和"一事一审"。负责新闻发布工作的主管部门应根据备案情况统筹协调宣传报道的口径，防止出现失误和事故。

（7）确定时间：突发事件发生后，应急处置和应急发布应同时进行。应急处置应该在第一时间作出反应，应急发布也应在第一时间同时进行。关于应急发布，以前有"黄金四小时"的说法，在"第五媒体"手机已经普及和自媒体账号空前活跃的移动刷屏时代，第一时间应该被理解为事发一小时以内。突发事件发生后，谣言的出现有时是为了给掌握真相的人施加压力倒逼其尽快公布真相，在谣言紧逼的情况下，真相一定要分秒必争与其赛跑。有时候为了不失先机，甚至可以在半夜和凌晨召开新闻发布会，或通过政务新媒体予以发布。对于那些发布之后可能会引起市场波动的敏感财经信息，可以在周五下午或晚上等市场休市后再发布敏感信息，让公众有一个消化辨别的时间。

（8）确定人选：从事新闻舆论和新闻发布工作，主要领导和新闻发言人应有主动担当的意识。新闻发言人在潮头起舞，要不怕打湿羽毛，需要时能站出来、冲上去。因为面对政务舆情和突发事件，别人说不如自己说，晚说不如早说，外行说不如内行说。领导者是天然的新闻发言人；一把手是天然的首席新闻发言人。中央要求领导干部要带头宣讲政策，特别是遇到重大突发事件、重要社会关切等，主要负责人要带头接受媒体采访，表明立场态度，发出权威声音，当好"第一新闻发言人"。

（9）确定场地：在遇到紧急情况和发生突发事件时，官员可以就地举行新闻发布会。在常态情况下，新闻发布会一般在官方的新闻发布厅举行。新闻发布厅应有两个门，官员进出的门和记者进出的门分开，以免发布会结束后记者拦住发布人继续包围追问。新闻发布厅最好建在一楼，手提肩扛摄影摄像设备蜂拥而至的媒体记者在进入发布厅前不用焦急地等电梯挤电梯。重大活动举办和突发事件发生后，官方可设置临时性的新闻中心随时发布信息并为记者提供服务。新闻中心宜滚动发布最新信息粘住记者，使其因担心错过官方发布的最新权威信息而不愿离开中心去社会上采访小道消息。新闻中心内应提供可以上网的电脑方便记者随时发稿。

（10）确定形式：新闻发言人可以选择的信息发布形式有很多，比较正式的形式有召开新闻发布会、记者招待会等，还可以通过召开媒体见面会和背景吹风会、接受媒体专访、组织集体采访来发布信息，其他的选择还有全天开通值班电话答复记者问询或书面答复记者问询、通过发新闻稿传真等多种形式。自主发布是由社会某级组织自行组织和实施的新闻发布，如某些省、区、市的公安部门、卫生部门、质检部门等召开的新闻发布会。搭台发布是由某专司新闻发布的机构"搭台"，定期或不定期邀请委、办、局等组织的负责人介绍情况。① 政务微博和政务微信是新闻发布的新的形式。通过这些政务新媒体可以形成官方新闻发布平台的"矩阵"，实现立体发声，多维发声。

（11）准备议题：召开新闻发布会和答记者问首要目的是阐述官方自己的观点，而不是回答别人的提问。在召开发布会之前一定要事先精心设计宣传的议题，然后通过召开新闻发布会巧妙地引导舆论。习近平在谈到西方国家的宣传舆论时一针见血地指出："在宣传方面，西方国家是很有一套的。他们表面上反对搞宣传，实际上搞起来比谁都更来劲，更在行，

---

① 孟建：《中国新闻发布活动传播效果的理论与策略》，载于《广播电视大学学报》（哲学社会科学版）2006年第3期。

更不择手段，只是他们千方百计掩盖，做'看不见的宣传'。他们的策略是，上乘的宣传看起来要像从未进行过一样，最好的宣传要让被宣传对象沿着你所希望的方向走，却认为是自己在选择方向。"① 政府新闻发布应通过认知框架的预设，使政府的政策目标和公众追求的目标趋于一致，从而促进政府目标的顺利达成。② 认知框架是人们解释外在世界的思维模式和心智模式，是人们认识和界定客观世界的心理基础。具体到传播领域，认知框架是新闻媒体通过一定的信息处理和报道方式，使受众对事物的认知被框定在一个固定的模子里。与议程设置不同的是，媒体设置议程倾向于影响受众对事物内容的认知，而框架理论倾向于影响受众对事物性质的判断。控制舆论一个有效的方法就是尽量隐蔽意识形态的"框架"，视现有的想法和做法为毋庸置疑理所当然。

（12）准备视角：新闻发言人应更多从公众视角和民生立场出发去准备新闻发布的视角。记者经常将自己提问的立场设定为人民和政府的对话，他们在设置问题时习惯以受众为中心，用公众的角度和表达方式引出问题。如果官员和新闻发言人也首先从公众的视角和民生的立场来观察问题，就比较容易获得媒体和公众的认同而不易产生冲突和负面报道。发布给媒体和公众的信息应该具备新闻价值，应能吸引媒体争相报道。新闻发言人选择的发布视角，应该取政府关注的议题、媒体关注度议题和公众关注度议题的交集。

（13）准确押题：新闻发言人准备好新闻发布议题后，还应考虑一下记者会不会按照自己的思路提问，记者在发布会上可能会提哪些问题，哪些问题是敏感尖锐的负面问题？一般建议发言人应提前准备好20个负面问题的回答口径。针对媒体和公众关注的涉及本部门本地区的热点问题，新闻发言人应带领新闻办公室的工作人员在平时不断搜集更新，形成题库。

---

① 章剑华：《新闻宣传的理性思考》，载于《新华日报》2013年11月12日。
② 张扬：《政府要做新闻的第一定义者——我国政府新闻发言人制度传播效果的优化途径初探》，载于《新闻记者》2009年第2期。

（14）准备口径：新闻发言人应提前准备和不断更新回答各类问题的口径，打造答记者问口径库。国家法律法规的最新规定、中央文件中的最新表述以及中央领导的最新讲话批示是最权威的答记者问标准口径。每次发布会前熟悉热点问题的回答口径。出席新闻发布会的发布团队成员事先应统一表述和答问口径，杜绝上台以后自相矛盾互相拆台的现象。敏感问题的口径，常需要请示高层领导或与其他部门会商。跨部门问题的答问口径一般需要与有关部门协调确定或向高层领导请示。对重大政务舆情，中央要求各地区各部门要加强与新闻宣传部门、互联网信息内容主管部门以及有关新闻媒体的沟通联系，要建立重大政务舆情会商联席会议制度，建立政务信息发布和舆情处置联动机制，妥善制定重大政务信息公开发布和传播方案，共同做好政府信息发布和舆论引导工作。

（15）确定文体：新闻发言人不能拿着从领导的讲话稿中直接截取的段落作为新闻发布的通稿和答记者问的底稿。从新闻发言人口中说出来的口语，应该做到将其速记转化成文字后就是一篇像模像样的通讯报道或新闻稿。新闻发言人应出口成稿，嘴里说出来的落实成文字就像一篇新闻稿，这样一篇新闻稿应该模仿新华社的口吻还是华尔街日报的口吻呢？或者按照西方媒体报道中经常出现的"倒金字塔"结构来组织语言呢？其实不管是"中式的文体"还是"西式的文体"都可以尝试。

（16）推敲文辞：新闻发言人必须能用大众能听得懂的通俗语言解释专业问题。赵启正说："用简单的语言讲复杂的问题叫水平高，用复杂的语言讲复杂的问题叫及格，用复杂的语言还没有讲明白叫不及格。"① 新闻发言人在发布灾难事故的文字和图片信息时，必须注意尊重灾民和死难者的人格尊严。

（17）准备标题：新闻发言人应替记者代拟标题，这个做法的好处是

---

① 桂杰、谷新龙：《政府新闻发布制度十年回首 有专业水准发言人太少》，人民网，2013年12月19日。

可以尽可能地避免记者以"标题党"的做派乱拟标题或故意设计耸人听闻、与发言人本意和发布会主旨背道而驰的标题。好的标题应该高度概括新闻发布会的主题，高度浓缩新闻发布会的口径。新闻发布稿的标题应该让媒体记者感觉到发言人在发自肺腑地说话，其沟通效果有直指人心的穿透力，能够一下子就打动记者的内心，从而吸引记者自觉自愿地把官方设计的标题用作新闻报道的标题。

（18）准备金句：新闻发言人要自觉在新闻发布会上脱口而出精辟表述和格言警句，这些金句不一定适合作为报道的标题，但是可以作为副标题和报道正文中各个段落的提示语，这样的语句应该能让读者的精神为之一振，从而可以吸引读者继续将报道读下去。新闻发布会上的语言不妨多些直接引用的原汁原味的话语，有时甚至可以让新闻事件的当事人现身说法出席新闻发布会，让这些当事人用未经修饰的语言来还原事实真相。

（19）准备文案：在新闻发布会之前，应该将主持人的串场词、主发布人的主旨发布文稿、答记者问的口径以及拟发放给记者的新闻素材稿和新闻通稿（新闻通稿这种说法应该逐步淘汰）等文案全部拟好打印好，并在发布会开始前提前发放到位。新闻发言人应该尽量不要低头念稿子，应根据文稿熟悉口径后，在发布会现场用自己的语言把口径从自己的嘴里表达出来。发言人拿起讲稿来读时，人们对他的信任程度会降低。记者越是感到发言人在与他们面对面交谈，新闻发布的效果也就越好。新闻发布会时间宝贵，应该把更多时间留给记者提问和回答记者提问，因此新闻发布会上使用的文稿中一定要避免出现过多的套话、官话、旧话。

（20）准备工具：未来的新闻发言人应该逐渐适应通过大数据挖掘和分析工具来提炼出有用的小数据，从而实现精准信息发布。新闻发言人之所以有必要学习使用大数据工具，是因为媒体记者已经走在了前面，当媒体记者掌握了更精准的信息和新闻线索并据此向官方提出更精准的问题时，如果官方的新闻发言人不掌握同样的大数据工具和分析手段，将无法招架媒体记者的挑战。新闻发言人应能灵活自如地运用信息可视化手段帮助提高传播效果。信息可视化是指非数值型信息资源进行视觉化的呈现，通过图画、图形、图表和图像等可以直观作用与视觉系统的手段让人们看到信息之间的整体关系和组织结构。

（21）邀请记者：在新闻办公室的官方网站上发布通稿，预告新闻发布会举办信息，鼓励记者前来采访新闻发布会。对于官方希望邀请的媒体，可以打电话、发邮件、发传真或发信函提前若干天邀请采访。在发布会举办前一两天，再打电话对收到邀请的跑口记者和重点媒体予以提醒和确认。对于主动申请采访的陌生记者，可以登录中国记者网查询其记者证的真伪。鼓励和提醒媒体记者按照国家法律的要求特别是行业的自律倡议合法合规地执行采访任务和发表新闻报道。每到年底可以通过召开务虚会、座谈会和冷餐会等形式和记者联络感情沟通信息。

（22）准备会场：一场新闻发布会应管理到位，服务到位。新闻发布会前，应检查新闻发布场所，确保设施、设备到位，包括灯光音响、话筒电池、摄影摄像、背板席卡、备用电源、提词设备、同传交传、茶点酒水、鲜花绿植、文艺节目、文字材料、签到报到、迎宾引领、暖场视听、奖品礼品等。一场新闻发布会应安保到位，监控到位。安保人员、安保措施、监控设备、消防设施、应急预案都应提前到位。

（23）模拟演练：计划要出席发布会的发言人和发布人都可以事先参加新闻发布会模拟彩排。召集一些平时敢于直言的人，请他们坐在记者席，让他们提问，让新闻发言人模拟答问。通过模拟，往往可以发现一些漏洞和口误。其实很多口误都是潜意识的真情流露。事先模拟就是为了堵塞漏洞，杜绝口误。应让熟悉发布会的专业人士做参谋，评估新闻发布会，纠正错误。应该对发言和答问过程进行录音或录像，反复播放审视自我，可以发现很多问题。

（24）准备应变：新闻发布会这种场合有大量记者，容易制造新闻，因此也吸引了很多想出风头或带有特定目的的人混进发布会现场伺机闹事。新闻办公室应事先联系专业保安部门加强会场保安，至少准备两位保安人员，一旦有人倒地撒泼或有危险举动，可以对闹事者采取控制手段，一个保安控制闹事者上肢，一个保安控制闹事者下肢，确保既不弄伤闹事者又能将其清除出场外。

综上所述，我们必须尽快出台《新闻发布工作条例》，整合改革开放以来特别是互联网进入中国、网络舆情渐渐兴起、群体性事件开始出现以后我国党和政府陆陆续续颁布的有关新闻发布的制度文件，将其汇总到一部法规里，并制定配套的实施细则，方便新闻发言人开展工作，实质性地推动新闻发布制度建设。

第二节　制定《中华人民共和国信息公开法》依法保障公众知情权

政府信息，是指行政机关在履行行政管理职能过程中制作或者获取的，以一定形式记录、保存的信息。[①]

知情权，是指公民获取有关社会公共领域信息以及与本人相关信息的权利，具体可包括政治知情权、司法知情权、社会知情权和个人信息知情权。在新闻传播领域，特指受众通过媒介获取上述信息特别是公共生活信息的权利。

知情权概念最早出现于 20 世纪 20 年代的西方。公众往往委托新闻媒介代为行使知情权。1945 年，美国记者肯特·库柏开始使用知情权概念，代指公众通过新闻媒介享有的了解政府信息的法定权利。相关理论开始在学术界进行讨论，并逐渐开始影响到立法领域。

知情权有广义和狭义之分。广义上的知情权是指社会成员获得有关自身所处的环境及其变化的信息、保障社会生活所需的各种有用信息的权

---

① 《中华人民共和国政府信息公开条例》，中华人民共和国国务院令，2007 年 4 月 5 日。

利，属于人的基本生存权之一。从狭义上讲，知情权则指的是公民对国家的立法、司法和行政等公共权力机构的活动所拥有的知情权，这是公民的一项基本政治权利，也意味着公共权力机构对公民负有信息公开的责任和义务。①

新闻学界对"知情权"这一概念的理解主要是指社会公众享有使用新闻媒介了解政府工作与信息的法定权利。也就是说，公众的间接知情权（通过新闻媒介）和新闻媒介的直接知情权（包括利用新闻发言人制度）不可剥夺、不可降低、不可替代。②

2006年10月，党的十六届六中全会首次提出："保障公民的知情权、参与权、表达权、监督权。"2007年10月，党的十七大报告明确指出："健全民主制度，丰富民主形式，拓宽民主渠道，依法实行民主选举、民主决策、民主管理、民主监督，保障人民的知情权、参与权、表达权、监督权。"2012年，党的十八大报告中进一步明确："坚持用制度管权管事管人，保障人民知情权、参与权、表达权、监督权，是权力正确运行的重要保证。"党的重要文件一再强调"保障人民的知情权、参与权、表达权、监督权"。党的文件和国家领导对公众知情权的认可和鼓励为新闻发布制度的完善提供了最坚实有力的保障。③

1973年丹尼尔·贝尔出版了《后工业社会的来临——对社会预测的一项探索》，在这本书中贝尔提出了后来广为流传的"后工业社会"的概念。他认为，现代工业社会正在进入一个新的发展阶段，这个新阶段中的社会是以信息和服务为基础的，其将代替老的工业社会。根据贝尔的定义，"后工业社会"的主要特点有：从制造业向服务业转型，新的科技主导型

---

① 郭庆光：《传播学教程》，中国人民大学出版社1999年版，第178页。

② 陈勇：《从新闻发言人制度的二元属性看其在我国作用弱化之主因》，载于《零陵学院学报》（教育科学）2004年12月（第2卷第6期）。

③ 《为什么要保障人民群众的知情权、表达权、监督权、参与权？》，中国记协网，http://www.zgjx.cn/2021-06/08/c_139993741.htm。

工业成为核心，新技术精英涌现及社会重新分层。贝尔在 1967 年还预测了互联网的兴起，断言"我们可能将会看到一个全国性的计算机联网系统，人们在家中或办公室中登录这个巨大的计算机网络，提供和获取信息服务、购物和消费，以及其他诸如此类的行为。"1979 年之后，他建议人们采用"信息社会"概念代替"后工业社会"概念。①

公民的知情权是公民的信息权的一部分。现代社会三大战略资源是物质资源、能量资源和信息资源。信息的收集、整理、分析和传播能力越来越成为重要的战略要素。1959 年夏天，信息社会学的创始人丹尼尔·贝尔在奥地利萨尔茨堡召开的一次讨论会上提出"后工业社会"概念，1979 年后，他建议人们采用"信息社会"概念代替"后工业社会"概念。在信息社会里，以信息通信技术为核心的新技术革命使以知识为社会中轴的创造社会财富的新体系——知识经济的新体系得以形成和发展。创意时代正在来临，创意时代最有活力的经济形态是创意经济，创意经济和知识经济是奠基于信息自由之上的。

1948 年 12 月 10 日，联合国大会通过并颁布《世界人权宣言》，其中第十九条规定："人人有权享有主张和发表意见的自由；此项权利包括持有主张而不受干涉的自由，和通过任何媒介及不论国界寻求、接受和传递消息和思想的自由。"这意味着获取信息的自由是每个人应该享有的一项基本人权。

信息自由权包括三个方面：知情权、采集权、传播权，知情权是信息自由权的基础和前提，而新闻发言人制度是实现公众知情权的重要渠道。②

从 20 世纪 80 年代开始，我国政府经历了一个信息化的发展过程。1986 年，国务院批准成立了国家经济信息系统领导小组和国家信息中心，

---

① 《丹尼尔·贝尔：预言后工业社会到来》，中国新闻网，https://www.chinanews.com/cul/2011/02-12/2838738.shtml。

② 骆正林：《美国新闻发言人制度的起源与特征》，载于《城市党报研究》2006 年第 1 期。

负责国家经济信息系统的规划和建设，各个部委局和地方省市县相继成立了信息中心。1993 年召集了国民经济信息化联席会议，提出以国民经济信息化为目标的"三金"工程计划——金桥工程、金关工程和金卡工程。

1999 年，中国社科院成立专门机构开始研究政府信息公开立法问题。①2000 年 10 月，党的十五届五中全会明确指出，信息化是覆盖现代化全局的战略问题。2001 年，国家成立了国家信息化领导小组，国务院办公厅制定《全国政府系统信息化建设 2001—2005 年规划纲要》，对我国政府信息化政策作出明确规定。2002 年 11 月，党的十六大又提出了以信息化带动工业化，走新型工业化发展道路的要求。党的十七大报告更是将信息化提高到与工业化和市场化同等的高度。制定国家信息化发展战略，是党中央、国务院针对我国经济和社会发展对信息化的新需求，应对信息化发展新趋势作出的全局性战略部署。

制定关于信息化的法律法规是开发和利用信息资源的保障，2007 年通过的《中华人民共和国政府信息公开条例》就是党和政府整个信息化战略的重要组成部分。2007 年 1 月 17 日，国务院第 165 次常务会议通过《中华人民共和国政府信息公开条例》。该条例自 2008 年 5 月 1 日起施行。

《政府信息公开条例》开宗明义阐明了其目的是"为了保障公民、法人和其他组织依法获得信息，提高政府工作透明度，充分发挥政府信息对人民群众生产、生活和经济社会活动的服务作用"。《政府信息公开条例》首次对我国政府信息公开的范围和主体、方式和程序、监督和保障等内容作出了全面、系统而具体的规定。条例规定，行政机关有义务公布政府信息，主要内容包括财政预算、重大项目的规划和实施、环境保护、土地征收、产品质量等与老百姓切身利益息息相关的问题。

《政府信息公开条例》颁布后立即引起境内外媒体的关注。2007 年 5

---

① 纪忠慧：《新闻发布：阳光政府与透明权力的制度之变》，载于《新闻与写作》2009 年第 4 期。

月 15 日，法国《欧洲时报》发表《中国进入政治热季》，称《政府信息公开条例》的出台"标志着中国各级政府迈向'信息公开时代'，成为继《行政许可法》之后中国政府的'又一次自我革命'，显示了中共高层内部较为开明的力量。"新加坡《联合早报》在一篇题为《信息公开条例透露的信息》的文章中认为，中国政府是否能贯彻《政府信息公开条例》，将成为外界"检验中共改革诚意和开放决心的具体试金石。"①

2019 年 4 月 3 日，国务院公布修订后的《中华人民共和国政府信息公开条例》，修订后的条例更好地体现了"公开为常态、不公开为例外"的原则，这首先表现在扩大主动公开的范围。修订后的条例对各地区、各部门实践中主动公开的政府信息进行重新梳理分析，扩大了主动公开的范围和深度，明确各级行政机关应当主动公开机关职能、行政许可办理结果、行政处罚决定、公务员招考录用结果等十五类信息。同时，规定设区的市级、县级人民政府及其部门，乡（镇）人民政府还应当根据本地方的具体情况主动公开与基层群众关系密切的市政建设、公共服务、社会救助等方面的政府信息。条例还提出，行政机关应当按照上级行政机关的部署，不断增加主动公开的内容。

其次，为了落实"以公开为常态、不公开为例外"的原则，修订后的条例明确了若干不予公开的政府信息的具体情形。不予公开的政府信息包括：依法确定为国家秘密的政府信息，法律、行政法规禁止公开的政府信息，公开后可能危及国家安全、公共安全、经济安全、社会稳定的政府信息，公开会对第三方合法权益造成损害的政府信息。条例同时规定，行政机关内部事务信息、过程性信息、行政执法案卷信息可以不予公开。内部事务信息和过程性信息不宜公开，既是绝大多数国家的通行做法，也是条例实施的实践经验，国办文件以及一些地方、部门的实施性规定均已将这两类信息纳入不予公开的范围，司法实践中也得到了人民法院的确认。

---

① 叶鹏飞：《信息公开条例透露的信息》，载于《联合早报》2007 年 5 月 14 日。

最后，修订后的条例在建立健全政府信息管理动态调整机制、依申请公开向主动公开的转化机制方面也有新的突破。修订后的条例要求行政机关对不予公开的政府信息进行定期评估审查，对因情势变化可以公开的政府信息应当公开；行政机关可以将多个申请人申请公开的政府信息纳入主动公开的范围，申请人也可以建议行政机关将依申请公开的政府信息纳入主动公开的范围。

信息的公开分为主动公开和被动公开。主动的信息公开，如中国 2008 年的《政府信息公开条例》；被动的信息泄露也是一种公开，如维基解密和斯诺登的爆料，两种信息公开的方式都推动了更多的记者去挖掘信息背后的新闻。①

实施主动的信息公开的便利途径之一就是实行新闻发言人制度，因此新闻发言人制度是实现公众知情权的重要渠道。② 而理想的新闻发言人制度应当是法制化的——用法律明确公众有知情权，用法律明确政府有公开的义务。③

《政府信息公开条例》第二十三条就明文规定将新闻发布纳入政府信息发布机制："行政机关应当建立健全政府信息发布机制，将主动公开的政府信息通过政府公报、政府网站或者其他互联网政务媒体、新闻发布会以及报刊、广播、电视等途径予以公开。"

2007 年 8 月 4 日，国务院办公厅发布《关于做好施行〈中华人民共和国政府信息公开条例〉准备工作的通知》，也明确提要求各级政府及其部门（单位）"要抓紧建立政府信息主动公开工作机制，明确职责、程序、公开方式和时限要求。健全政府新闻发布和新闻发言人制度，增强政府发

---

① 周庆安、魏阳：《数据新闻学在新闻发布中的运用与挑战》，载于《新闻与写作》2014 年第 9 期。

② 骆正林：《美国新闻发言人制度的起源与特征》，载于《城市党报研究》2006 年第 1 期。

③ 张艳红：《法律依据、法律保障的实际状况——中美新闻发言人制度比较》，载于《新闻记者》2004 年第 9 期。

布信息的主动性和权威性。"

但是，《政府信息公开条例》只是政府颁布的法规，还不是人大颁布的法律。在信息公开实践中，《保密法》《档案法》《行政诉讼法》《行政复议法》相对于《政府信息公开条例》处于高阶位，而作为政府法规的《政府信息公开条例》处于低阶位。当法律和法规发生冲突时，法规的规定就不得不让位于法律的规定。比如 2010 年 12 月 13 日由最高人民法院审判委员会第 1505 次会议通过的《最高人民法院关于审理政府信息公开行政案件若干问题的规定》的第七条就规定："政府信息已经移交各级国家档案馆的，依照有关档案管理的法律、行政法规和国家有关规定执行。"

而且，有关气象、疫情、证券等生活服务或经济领域的信息的发布则一般由专门的法律法规进行规范。在散见各处的有关信息公开和新闻发布的法规文件中，有的规定比较简单，缺乏可操作的标准和程序。

有专家指出："《政府信息公开条例》不是法规，所起的作用有限，从总体上看，'公开是常态，不公开是例外'还是纸上谈兵，没有制度的保障和法律的约束来确保政府信息的公开透明。"① 更重要的是，《政府信息公开条例》只是对政府信息公开办法的规定，对于党务信息公开、立法信息公开、司法信息公开等没有法律约束力。而信息公开法就可以弥补这个缺憾。

党的十三大提出了"重大情况让人民知道"的原则，这个"重大情况"一定不是仅仅指政府的情况，当然也包括党的情况、立法司法领域的情况和一切公共领域和公共部门除涉及国家机密、商业机密和个人隐私以外的一切情况。

应该怎么办呢？办法就是尽快制定颁布并实施《中华人民共和国信息公开法》，规定公民知情权的范围和法律保障措施，依法保障公众的知情权和信息权，也从法制层面真正为新闻发言人依法公开政府信息，依法回

---

① 史安斌：《全媒体时代新闻发布变革与创新》，载于《传媒》2014 年第 2 期。

应社会关切，提供国家法律上的根本依据。

通过立法保障公民在知情权，保障公民在获取真实充分信息的基础上参与国家事务，是一个现代文明社会最起码的条件。

以美国为例，自从 1951 年芬兰通过《政府活动公开法》之后，1955 年，美国就有议员开始致力于就保障公民知情权进行立法。1966 年，美国通过了《信息自由法》。这一法案规定，除了国家规定了的正处于保密状态的信息之外，公民有权依法要求政府公开各种公共信息，有权依法查阅政府文件和档案。根据该法案，政府公开信息是原则，不公开是例外。在例外的情况下，政府必须举证说明其理由，且司法机关有权重新审查，以杜绝联邦政府机关的拖延和阻挠。同时，该法案还具体规定了信息公开和不公开的标准。在经历几次修改之后，美国《信息自由法》已经成为迄今为止国际上政府信息公开方面最为完备的法律之一。《信息自由法》使政府新闻发言人制度由主动宣传转向被动地尊重公民的知情权。

《信息自由法》实施后，为了防止政府各部门滥用保密权，美国又于 1976 年通过《阳光下的政府法》，对政府以国家安全理由保密信息的权限与裁定，以及个人调阅相关记录、政府官员财产公开、政府会议公开等事项进行了补充，从而完善了对"公民知情权"的法律保障措施。《阳光下的政府法》规定在九种例外情况之外，合议制的行政机关的会议必须对公众公开，公众有权观察会议，获得会议信息。这九种例外情况是：

（一）涉及国防或对外政策的国家安全机密。

（二）纯粹涉及某一机构内部人事规则与惯例的材料。

（三）被其他联邦法律专门规定不予公开的资料。

（四）贸易机密与专属或保密的商业与金融信息。

（五）凡是没有被法律要求向任何方面公开的机构与机构之间或机构内部的备忘录或信件——在诉讼案中依据法律需向另一方公开的情形除外。

（六）一旦公开将使个人隐私遭到明显不正当侵犯的人事与医疗档案

或类似档案。

（七）为执法需要而汇集的档案或信息，但其不公开的程度以下列情况为限：根据合理的预计，这些执法档案或信息一旦被公开将干扰执法程序；将使某人无法享有获得公正审判或公平判决的权利；根据合理的预计，将构成对个人隐私不正当的侵犯；或根据合理的预计，将会暴露保密信息来源的身份。对于执法当局在刑事侦查过程中或是某一机构在国家安全情报调查过程中汇集的信息，《信息自由法》规定，在如下情况下不予公开：如果由保密信息来源提供的信息一旦公开将暴露执法调查或检控所用手段与程序，或者暴露执法调查或检控所依循的指导方针，而根据合理预计，一旦暴露这一信息，有可能导致规避法律的情形或危及任何人的生命或人身安全。

（八）与对银行及金融机构的审查及规定有关的资料。

（九）涉及水井的地质与地球物理信息与数据，包括地图。

1995 年，美国还制定了《削减公文法》，该法进一步"禁止政府以版权之类的措施控制信息，禁止政府对信息的流通进行限制或规制，禁止政府对公共信息的再流通或传播收费或使用费。"1996 年，美国又通过了《电子信息自由法修正案》，要求每一个联邦政府机关都必须以电子数据方式为公众提供索引材料或本机关指南，以便利公众提出信息申请。

美国这一系列有关信息公开和保障公众知情权的法律法规的成熟与完备程度主要表现在两个层面：一是不仅直接认可、保障了公民的知情权，也间接彰显了作为社会公众"代理观察者"的大众传媒的知情权、采集权、传播权；二是详细规定了不适用于"知情权"和信息公开的例外情形，并且非常规范和严格。①

以《信息自由法》为代表的一系列法律文件的出台和以"水门事件"

---

① 陈勇：《从新闻发言人制度的二元属性看其在我国作用弱化之主因》，载于《零陵学院学报》（教育科学）2004 年 12 月（第 2 卷第 6 期）。

等重要司法判例为代表的判例法的实施表明，在美国信息公开制度下，媒介和公民在获取政府和社会信息方面有了较为明确的司法保障。同时，政府在公开和发布民众想要获知的信息方面也具有了义务性的法律强制力。美国新闻发布制度法律体系的构建，有力地促使了美国政府将新闻发布活动正规化、常态化、职业化，以不断满足美国媒体和民众的信息需求。[①]

　　未来的《中华人民共和国信息公开法》应处理好信息公开和保守国家秘密的矛盾。2014年2月3日，《中华人民共和国保守国家秘密法实施条例》发布，规定各级政府官员不得以国家秘密为由掩盖应该对民众公开的信息。但具体实施起来仍欠缺可操作性，使群众没法获得足够的知情权。

　　总体来看，我国各个领域的信息公开活动近年来取得了长足的进步，这一点是毋庸置疑的。现代社会的历史实践证明，社会的自主能力和信息的公开程度是成正比的。一个社会只有信息越公开，社会的自主能力和承受能力才会越高，社会才会越稳定。

　　根据我国多年来的立法经验，先实践、后立法，先制定行政法规或者地方性法规，后转化为法律，不但有利于法律内容的完善和成熟，也有利于经验的积累和法律的最终实施。

　　可以预见，《中华人民共和国信息公开法》在不远的将来一定会有出台的那一天。

　　放眼未来，《中华人民共和国信息公开法》将是中国新闻发布制度化的根本法律保障。

---

　　① 赵卓伦：《从历史档案看美国政府新闻发布制度的法律构成》，载于《山西档案》2014年第2期。

结语：将信息公开和新闻发布嵌入国家治理体系

新闻发布制度化是十八届三中全会提出的深化改革任务。我国当下的新闻发布制度建设已从简单设立新闻发言人制度向构建新闻发布制度体系的方向深化发展。2014 年 2 月 17 日，习近平总书记在"省部级主要领导干部学习贯彻十八届三中全会精神全面深化改革专题研讨班"开学典礼上的讲话中提出"国家治理体系和治理能力现代化"。这为我国当下新闻发布制度建设提出了新的研究课题。

在信息化时代和新闻执政时代，未来的新闻发布制度体系应该嵌入现代化国家治理体系的各个环节中，为信息公开服务，为满足公众知情权服务，为提高党和政府公信力服务。

新闻发言人不仅是党务信息和政务信息的传播者，也是舆情分析师和决策咨询师，同时还是政务新媒体的媒体人，扮演着通过新闻执政治理国家的社会治理者角色。新闻发布机构不仅要传播政府信息，也要分析民意舆情，为领导决策提供咨询，还要运营自媒体，通过新闻执政参与国家治理。

必须让新闻发言人进入知情圈、决策圈、行动圈。新闻发言人要能参加重要会议、阅读重要文件，可向本单位主要负责同志建议开展新闻发布活动的时机、内容、形式和人选；突发事件发生后，新闻发言人要参与突发事件处置，能及时到达现场，有效开展工作；为新闻发言人配备必要工作团队，进一步完善新闻发言人参与了解重大决策的工作机制。

新闻发言人不仅要参与决策,推动决策公开,新闻发言人所在部门和单位还要以决策公开为起点,继续推进执行公开、管理公开、服务公开和结果公开,推动简政放权、放管结合、优化服务,激发市场活力和社会创造力。要将党务公开和政务公开贯穿执政治理的全部环节,将新闻发布运用到决策公开、执行公开、管理公开、服务公开和结果公开的每个环节。将信息公开内容覆盖权力运行全流程、政务服务全过程,使信息公开制度化、标准化,用政府更加公开透明赢得人民群众更多理解、信任和支持。

新闻发布机构和新闻发言人最有条件使用大数据挖掘和分析手段、引进舆情分析机制,系统地梳理这些信息和数据,使那些掌握在公权部门手里却又被深埋的信息宝藏能够被科学地利用。

当前我国新闻发言人制度的发展虽然已经取得了不少的进步,但是离真正意义上的制度化还有不小的距离。要走向制度化,政府部门需要对政治传播有更长远的战略构思,需要相关行政上新闻发言人授权机制的建立,更需要具备以信息公开、信息自由为立法旨趣的法律保障。我们建议尽快制定颁布并实施《新闻发布工作条例》,整合有关新闻发布的制度文件,并有所突破创新,为全国的新闻发言人提供一份具备很强操作性的工作指南。我们还建议尽快制定颁布并实施《中华人民共和国信息公开法》,依法保障公众知情权。

展望未来,我们有理由对中国的新闻发布事业和新闻发言人制度建设充满信心。我们也越来越清晰地认识到,新闻发布机构和发言人要同时为上级、同事、媒体和公众提供权威性的告知性信息、说服性信息和指导性信息,向组织内部和外部提供全方位的权威信息咨询服务。发言人不仅要向媒体发言,还要向上司发言,向公众发言。发言人不仅要"向下传话",也要"向上带话",把民众的舆情经过整合分析后报送给上司。发言人不仅要"向下传话",也要"向下派送",通过挖掘、整理、分析与自己所在组织相关的公共信息资源并发布权威信息,为组织内部、媒体和公众提供信息咨询，帮助上级、同事、媒体和公众建立对热点问题和重大问题的前瞻性认识，辅助上司和同事科学决策，协助媒体客观报道、指导公众理性行动。

　　未来的民主进程中，我们将看到越来越多新闻发布会生机勃勃的场景。未来的社会生活中，我们将听到越来越多来自新闻发言人的权威声音。

参 考 文 献

［1］白智勇：《一问一答一世界：新媒体时代下的新闻发言人》，新华出版社 2012 年版。

［2］［英］布莱恩·麦克莱尔：《政治传播学引论》，殷祺译，新华出版社 2005 年版。

［3］曹劲松、庄传伟：《政府新闻发布》，江苏人民出版社 2009 年版。

［4］曹林：《应该容忍新闻发言人有时说错话》，载于《中国青年报》2015 年 4 月 8 日。

［5］陈力丹：《健全对新闻发言人制度的监察和限权机制》，载于《郑州大学学报》（哲学社会科学版）2004 年第 9 期。

［6］陈力丹：《论突发性事件的信息公开和新闻发布》，载于《南京社会科学》2010 年第 3 期。

［7］陈力丹：《舆论学：舆论导向研究》，上海交通大学出版社 2012 年版。

［8］程曼丽：《公关传播》，国际广播出版社 1993 年版。

［9］程曼丽：《欧洲三国新闻发布制度的启示》，载于《新闻与写作》2010 年第 7 期。

［10］程曼丽：《十年——新闻发言人面对面》，清华大学出版社 2014 年版。

［11］程曼丽：《新闻发布是"一把手"工程》，载于《新闻与写作》2011 年第 10 期。

［12］冯春海：《中国政府新闻发布变迁》，清华大学出版社 2015 年版。

［13］［美］弗莱舍：《白宫发言人：总统媒体和我在白宫的日子》，王翔宇、王蓓译，社会科学文献出版社 2007 年版。

［14］傅莹：《我的对面是你：新闻发布会背后的故事》，中信出版社 2018 年版。

［15］郭卫民：《推动新时代新闻发布事业迈上新台阶》，载于《对外传播》2023 年第 11 期。

［16］国务院新闻办公室新闻局编：《新闻发布工作手册》，五洲传播出版社 2015 年版。

［17］胡正荣、张新华：《约束机制与新闻发言人制度的现实困境》，载于《郑州大学学报》（社会科学版）2004 年第 5 期。

［18］郎劲松：《新闻发言人实务》，中国传媒大学出版社 2005 年版。

［19］李希光、陆娅楠：《新闻发布于新闻执政的紧迫性》，载于《新闻记者》2005 年第 1 期。

［20］刘笑盈：《突发事件处置与新闻发布的制度化》，载于《新闻与写作》2014 年第 4 期。

［21］刘笑盈：《新闻发布十年：进展、问题与发展趋势》，载于《对外传播》2013 年第 1 期。

［22］陆高峰：《议程设置与框架建构偏颇对媒体公信力的影响》，载于《青年记者》2005 年第 3 期。

［23］骆正林：《美国新闻发言人制度的起源与特征》，载于《城市党报研究》2006 年第 1 期。

［24］［美］玛格莱特·苏丽文：《政府的媒体公关与新闻发布》，董关鹏译，清华大学出版社 2005 年版。

［25］梅益：《我做中共代表团发言人》，载于《新闻与写作》2005 年第5 期。

［26］孟建、林溪声：《中国共产党新闻发布活动的历史与现状》，载

于《广播电视大学学报》（哲学社会科学版）2011 年第 2 期。

［27］孟建、裴增雨：《网络舆情的搜集研判和有效沟通》，五洲传播出版社 2013 年版。

［28］孟建：《我国新闻发布制度面临的新挑战》，载于《新闻与传播研究》2018 年第 A1 期。

［29］孟建、邢祥：《中国特色新闻发布理论体系的全面构建》，载于《新闻与写作》2019 年第 3 期。

［30］孟建：《中国新闻发布活动传播效果的理论与策略》，载于《广播电视大学学报》（哲学社会科学版）2006 年第 3 期。

［31］上海市人民政府新闻办公室：《政府新闻发布工作实务手册》，文汇出版社 2017 年版。

［32］史安斌：《全媒体时代新闻发布变革与创新》，载于《传媒》2014 年第 2 期。

［33］史安斌：《危机传播与新闻发布》，南方日报出版社 2004 年版。

［34］史安斌：《新闻发布制度走过百年》，载于《国际公关》2013 年第11 期。

［35］宋双峰：《新闻发言人制度在我国 20 年》，载于《中国记者》2003 年第 9 期。

［36］王彩平：《中国新闻发言人制度起源与发展》，载于《人民公仆》2015 年 6 月总第 36 期。

［37］王晨：《积极推进党委新闻发言人制度建设》，载于《求是》2010 年第 20 期。

［38］王石泉：《公共行政与媒体关系：领导干部媒体沟通的智慧》，人民出版社 2012 年版。

［39］王石泉、周光凡编：《如何当好新闻发言人》，人民出版社 2016 年版。

［40］王石泉主编：《发言人说：中国新闻发言人传播实践》，人民出

版社 2021 年版。

　　[41] 王旭明：《王旭明说新闻发言人》，新华出版社 2012 年版。

　　[42] [英] 维克托·迈尔－舍恩伯格、肯尼斯·库克耶：《大数据时代》，浙江人民出版社 2013 年版。

　　[43] 吴锋：《新中国 70 年国家领导人新闻发布：机制嬗变、基本经验、完善方略》，载于《现代传播》2019 年第 7 期。

　　[44] 武和平：《打开天窗说亮话——新闻发言人眼中的突发事件》，人民出版社 2012 年版。

　　[45] 谢柯凌：《改革开放以来我国新闻发言人制度的回顾与思考》，载于《广东行政学院学报》2009 年第 2 期。

　　[46] 熊向晖：《于细微处见精神》，原载《不尽的思念》，中央文献出版社 1987 年版。

　　[47] 徐琴媛：《中外新闻发布制度比较》，中国传媒大学出版社 2005 年版。

　　[48] 杨正泉：《新闻发言人理论与实践》，中国传媒大学出版社 2005 年版。

　　[49] 余智梅：《说话的尴尬　央企新闻发言人职业困境调查》，载于《国企》2011 年第 10 期。

　　[50] 喻国明：《关于完善我国新闻发言人制度"顶层设计"的若干断想》，载于《现代传播》（中国传媒大学学报）2012 年第 1 期。

　　[51] 张静：《毛泽东曾亲任苏区"新闻发言人"》，载于《党史信息报》2011 年 8 月 3 日。

　　[52] 张艳红：《法律依据、法律保障的实际状况——中美新闻发言人制度比较》，载于《新闻记者》2004 年第 9 期。

　　[53] 张志安、李春凤：《新闻发布评估机制变迁与构建研究》，载于《新闻与写作》2017 年第 10 期。

　　[54] 张志安、罗雪圆：《中国互联网 20 年与新闻发布变迁》，载于

《新闻与写作》2014 年第 6 期。

［55］张志安、孙小棠：《新闻发布与社会认同构建——基于重大政策解读的视角》，载于《新闻与写作》2017 年第 7 期。

［56］赵启正：《向世界说明中国：赵启正演讲谈话录》，新世界出版社 2006 年版。

［57］周光凡：《领导者的媒体驾驭能力》，清华大学出版社 2008 年版。

［58］周光凡：《新闻发布会的会前准备》，载于《当代传播》2017 年第 4 期。

［59］周光凡：《制度化的新闻发布方显成效》，载于《光明日报》2016 年 11 月 21 日。

［60］周庆安、卢朵宝：《新中国成立初期新闻发布活动的历史考察》，载于《新闻与传播研究》（北京）2009 年第 4 期。

［61］周庆安、王华迪：《党的新闻发布工作与社会治理现代化初探》，载于《新闻与写作》2018 年第 7 期。

［62］周庆安、王静：《媒介融合下新闻发布与社会信任变迁——2018 年中国政治传播和新闻发布观察》，载于《新闻与写作》2019 年第 2 期。

［63］周庆安、张珂：《宣示、解释与现场再现——2015 年中国政治传播和新闻发布的进展与挑战》，载于《新闻与写作》2015 年第 12 期。

［64］邹建华：《微博时代的新闻发布和舆论引导》，中共中央党校出版社 2012 年版。

［65］祖萌萌、赵安萌：《政府信息公开与我国新闻发言人制度之完善》，载于《中国律师》2012 年第 9 期。

［66］Peter J. Sehlinger, Holman Hamilton：Spokesman for Democracy. Indiana Historical Society Publications, 2000.

［67］Schenkler, Irv, and Herrling, Tony：Guide to Media Relations. New Jersey：Upper Saddle River, 2004.

后　记

　　本书是我作为第一负责人承担的国家社会科学基金项目《当前我国新闻发布制度建设研究》的最后成果。最后成果的执笔人是笔者本人。本书的出版得到了中国浦东干部学院国家课题配套经费的支持，在此表示感谢。

　　原国家社会科学基金项目课题组成员包括天涯社区原总编辑胡彬先生、上海市人民政府新闻办公室原主任及新闻发言人徐威和人民网舆情数据中心／人民在线原副总编辑刘鹏飞先生，在此一并致谢！同时感谢中国财经出版传媒集团和经济科学出版社为本书出版提供支持的领导和编辑们。

周光凡

2024 年 9 月 1 日